plus belle la vie

LE GUIDE OFFICIEL

Renaud Lhardy

plus belle la vie

LE GUIDE OFFICIEL

le tigre bleu

plus belle la vie le guide officiel

Sommaire

BAR du MISTRAL

Préface

Enfin un bouquin vraiment utile pour les aficionados qui, comme moi, travaillent sur le feuilleton ou le suivent fidèlement depuis près d'une décennie tous les soirs aux alentours de 20 heures !

Un guide officiel, ça sert a quoi ? À devenir incollable sur *Plus belle la vie*, car, je l'avoue, il m'arrive d'avoir quelques trous de mémoire... Rien d'étonnant à cela puisque, à raison de cent quinze heures de *Plus belle la vie* par an, nous avons aujourd'hui à peu près neuf cents heures de programme derrière nous.

Tiens, par exemple, vous souvenez-vous de Vadim ? Mais si, voyons : le mari de Luna... Et vous souvenez-vous que Jean-Baptiste cherchait partout une statuette contenant un microfilm afin de sauver le peuple tibétain opprimé ? Que Guillaume avait été frappé par le mauvais œil ? Qu'Anthony a failli tuer Mélanie pour lui prendre son héritage ? Et j'en passe évidemment bon nombre !

Depuis dix ans, c'est au minimum cinq cents histoires que les auteurs du feuilleton nous ont livrées. *Le Guide officiel* représente cette joie de pouvoir les retrouver en quelques lignes et de faire rejaillir les images stockées dans nos mémoires ainsi que les émotions qui subsistent dans nos cœurs.

Bonne lecture à tous !

Hubert Besson, producteur.

Les décors : une affaire mistralement menée !

La saison 1 est l'occasion de mettre en lumière les décors du Pôle média de la Belle de Mai, à Marseille, où sont tournées les scènes d'intérieur du feuilleton. Construit en moins de six mois, le décor de *Plus belle la vie* puise son inspiration dans le Panier, le plus vieux quartier de Marseille, construit sur l'antique Massalia grecque. Si le pari est réussi, le projet n'a pas été une mince affaire…

Des plans aux premières pierres posées

Le postulat de départ était de reconstituer le Panier dans les 1 000 m² du studio principal. Créer un décor de cette envergure dans un délai aussi court représentait un véritable défi. Les contraintes consistaient à y inclure une petite place, un bistrot, un hôtel et deux boutiques (une épicerie et l'atelier de couture de Charlotte, à l'époque). À côté du premier studio, la construction des décors d'intérieur sur les autres plateaux (l'appartement des Marci, la chambre de Rudy, le loft de Ninon, etc.) paraissait presque une broutille !

Au milieu de l'hiver 2003, le projet est confié à Michel Blaise, qui donne les premiers coups de crayon après avoir fait un saut à Londres pour observer les techniques des Anglais, bien plus expérimentés que nous dans la construction de décors de télévision. Les plans terminés, place à l'action !

La réalisation et la fin du chantier

Les façades de la place du Mistral (le plus grand décor que la télévision ait construit depuis vingt-cinq ans) culminent à presque 14 mètres de hauteur. Un dispositif difficile à mettre en place, d'autant que, pour des raisons de production et de sécurité, il a fallu fabriquer les éléments de décor dans des ateliers situés à l'autre bout de Marseille pour les transporter ensuite au fur et à mesure dans les studios. Une fois sur place, le décor est assemblé et érigé par des grues commandées par les techniciens de plateaux, peu habitués à travailler à une telle échelle. Il a donc fallu les former et même leur faire passer des brevets de sécurité… Pas simple, cette histoire ! Mais tous ces efforts en valaient la peine. À l'été 2004, les clés du Mistral sont remises à la production. Avec ses maisons colorées, ses volets clinquants, ses ruelles typiques, le décor instaure une vraie ambiance provençale et apporte une part de rêve. Dans les coulisses, on dit même que c'est le personnage principal du feuilleton.

LE SAVIEZ-VOUS ?

Les décors sont installés sur quatre plateaux au Pôle média de la Belle de Mai. Le plus vaste, le studio 1000, renferme la place du Mistral. En face, on trouve le studio 800, où se trouve notamment l'appartement des Marci, le seul décor qui n'a jamais été changé sur ce plateau. Le studio 350 accueille, entre autres, le loft des Nebout, le dernier décor important construit par la production. Enfin, le plus petit plateau, le 250, héberge uniquement le commissariat, qui demande une surveillance accrue car il contient des répliques d'armes à feu, d'uniformes et autres accessoires à ne pas mettre entre toutes les mains...

BAR du MISTRAL

Saison 1
Le Mistral s'éveille !

Le 30 août 2004, le rideau s'ouvre sur un nouveau quartier à Marseille. Le public fait connaissance, dès ce premier épisode, avec de nombreux personnages hauts en couleur qu'il retrouvera au fil des saisons suivantes. Ainsi, les Marci (Blanche, François, Johanna et Lucas) rentrent de vacances au Canada et retrouvent leur papy Roland, l'emblématique patron du bistrot du coin. Les Torres (Mirta et Rudy) font la connaissance d'une nouvelle famille descendue de Paris, les Chaumette (Ninon et Vincent), dont le père de famille rejoint l'entreprise de la famille Frémont (Céline, Juliette puis Charles quelques semaines plus tard). Rachel, la doyenne, mène à la baguette les habitants du Mistral, au sein duquel on trouve une couturière (Charlotte), un épicier (Antoine), une infirmière (Aïcha) et toute une vie de quartier. Mélanie, Luna, Thomas, Guillaume et Nathan viendront au fil de la saison compléter ce portrait de famille. La vie de *Plus belle la vie* peut commencer...

Le retour de Manuel Torres

Date : 26 novembre 2004

Le pitch : Manuel revient semer la terreur et s'en prend à Mirta, son ex-femme.

LE SECRET DE MIRTA

Mirta et Roland vivent le grand amour. Aucune ombre à leur bonheur... jusqu'à ce que Roland demande la main de sa dulcinée. Devant son enthousiasme et celui de leurs familles respectives, Mirta n'ose refuser et, de fil en aiguille, se retrouve devant le maire le 29 octobre 2004... obligée de répondre « non ». Et pour cause : Mirta est toujours mariée à Manuel, le père de Luna. Manuel a rencontré Mirta en Espagne, où les deux Ibères sont tombés amoureux et se sont mariés. Mais le réveil après la nuit de noces est brutal pour Mirta, qui, enceinte de Luna, se rend compte qu'elle a épousé un homme alcoolique, violent et paresseux. À bout de nerfs, elle décide de le quitter pour fuir au Mistral. Fin 2004, son désir d'épouser Roland la pousse à retourner en Espagne pour affronter ses vieux démons. Elle revient après avoir fait une demande de divorce, mais ment aux Mistraliens en prétendant que Manuel est mort. Elle ne voit pas l'intérêt de déterrer une histoire qui appartient désormais au passé. Elle se trompe !

Comment Mirta a-t-elle pu épouser un homme aussi cruel ? Elle se le demande encore.

LE CAUCHEMAR RECOMMENCE

À la surprise générale, Manuel débarque au Mistral. Luna et Rudy sont choqués du mensonge de Mirta, d'autant que Manuel se révèle un homme charmant, prêt à tout pour renouer avec sa fille et son petit-fils. Au grand dam de Mirta, il remporte la sympathie de tout le Mistral, et notamment de Rudy, heureux de

Mistraliens concernés : Manuel • Mirta • Roland • Luna • Rudy • Sophie

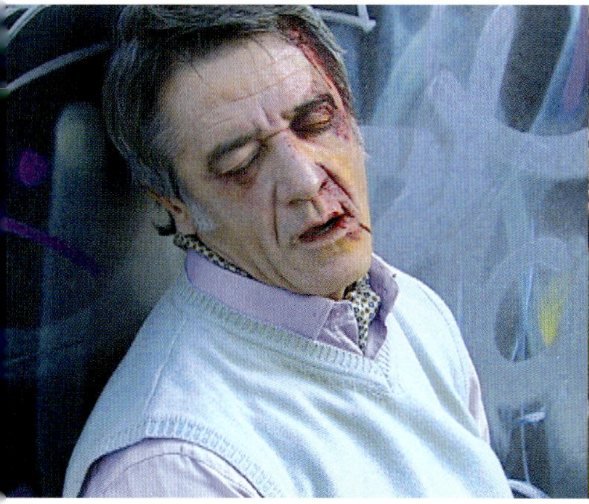

découvrir un grand-père si attentionné. Manuel aurait-il vraiment changé ? Pas le moins du monde… Il ne tarde pas à dévoiler le but de sa venue : racketter Mirta en la menaçant, elle et sa famille. Manipulateur hors pair, il fait vivre un enfer à son ex-femme, qu'il fait passer pour folle. Mirta riposte en essayant de l'empoisonner et de fuir en Espagne, mais rien n'y fait. Manuel la tient dans ses griffes et menace désormais de tuer Rudy si elle ne cède pas à ses exigences toujours plus grandes. Un soir, alors que Mirta est seule dans sa chambre, Manuel tente d'abuser d'elle. Heureusement, Roland arrive à temps et réalise que sa fiancée disait vrai. Il se jette sur Manuel pour la libérer et, une fois Mirta hors de danger, il poursuit Manuel qui tente de fuir.

ROLAND MENOTTÉ PAR SON MEILLEUR AMI

Roland règle son compte à Manuel et revient au Select la chemise tachée de sang. Manque de chance, le corps de Manuel est retrouvé le lendemain sans vie et couvert d'hématomes. Roland étant le parfait coupable, Léo n'a pas le choix : il l'arrête et le met en prison. Face à cette injustice, la famille Marci se serre les coudes pour soutenir Roland et retrouver le vrai meurtrier. François, le fils de Roland, infiltre maladroitement un réseau mafieux marseillais, manquant de se faire tuer. Il découvre cependant une ancienne maîtresse de Manuel, Sophie Guibal, que celui-ci faisait également chanter. Poussée à bout, Sophie a assassiné son amant.

LE SAVIEZ-VOUS ?

Au début du projet, le feuilleton devait s'appeler *Mistral gagnant*, mais l'idée a été abandonnée car le titre avait été déposé par le chanteur Renaud, dont l'une des plus belles ballades porte le même nom. La production et le diffuseur ont alors choisi *Plus belle la vie*.

Le scandale Phénicie et l'arrestation de Charles

Date : 11 mars 2005

Le pitch : Charles Frémont est arrêté grâce à l'infiltration de Vincent dans l'entreprise Phénicie.

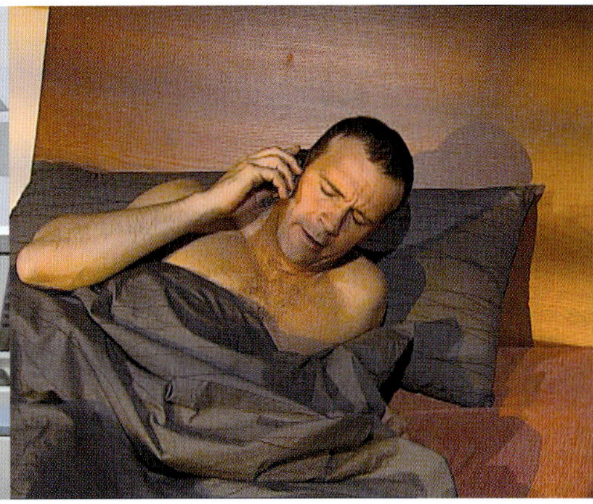

LES FRÉMONT ET LES CHAUMETTE : DEUX FAMILLES, UN DESTIN

Entreprise très florissante, Phénicie est dirigée d'une main de fer par le réputé Charles Frémont, homme sans scrupule. À son arrivée au Mistral, Vincent voit en Phénicie une belle possibilité de carrière d'architecte, d'autant que Céline, la fille de Charles, tombe sous son charme. Vincent est embauché et gravit les échelons à la vitesse grand V. Les ennuis commencent lorsque le père de Ninon découvre la face obscure des Frémont : celle de Charles, qui mène en cachette un projet de réhabilitation du Mistral pour transformer ce quartier populaire et familial en résidences de luxe, et celle de Céline, une amoureuse excessive et jalouse qui ne supporte pas l'idée que Vincent puisse la quitter.

VINCENT, PRISONNIER DES FRÉMONT

Pourtant, Vincent aime une autre femme, Charlotte, avec qui il veut refaire sa vie. Il tente alors de s'échapper de l'étau des Frémont, mais il est trop tard. En effet, Charles s'est procuré un dossier confidentiel sur Vincent qui ne laisse pas le choix à ce dernier : s'il ne veut pas que des documents compromettants tombent dans les mains de la presse et être radié du conseil de l'ordre des architectes, il doit rester à Phénicie et céder aux folies de Céline. Celle-ci le harcèle jour et nuit, tombe enceinte de lui, cache ensuite sa fausse couche et menace de mort Ninon, qu'elle tient pour

L'impitoyable Frémont est craint dans tout Marseille.

Mistraliens concernés : Vincent • Céline • Charles • Ninon • Astrid

responsable du désamour de Vincent. Enfin, Céline oblige Vincent à l'épouser : dans l'ombre, Charles continue d'agiter les dossiers sensibles.

QUI VEUT LA PEAU DE CHARLES FRÉMONT ?

L'architecte prend pourtant Charles à revers en s'associant avec Léo pour faire tomber le crapuleux homme d'affaires. Infiltré à Phénicie, il cherche une faille au projet de réhabilitation du quartier voulu par Frémont, et vit parallèlement un amour clandestin avec Charlotte. Alors que le mariage approche, Vincent et Léo touchent au but et la police prépare un « flag » spectaculaire le jour des noces. Malheureusement, Charles a tout compris et l'arrestation tombe à l'eau. Vincent est bel et bien contraint d'épouser Céline. Cependant, ses efforts d'infiltration n'auront pas été vains : Vincent s'est entre-temps rapproché d'Astrid Frémont, la femme de Charles, qui nourrit une vive rancune à l'égard de son mari, volage et manipulateur. Astrid livre à Vincent des documents attestant que son mari n'a jamais obtenu ses diplômes d'avocat, et qu'il exerce donc la profession illégalement. Charles Frémont est incarcéré, et son projet de réhabilitation échoue.

LE SAVIEZ-VOUS ?

Que seraient les affaires au Mistral sans Phénicie SA ? Pas grand-chose tant l'entreprise de BTP joue un rôle prépondérant dans la vie des Mistraliens, surtout ceux assoiffés de pouvoir et d'argent. Cette société est dotée d'un parc de quelque huit cents logements et partage ses locaux avec le cabinet d'avocats Frémont. D'abord propriété d'Astrid Frémont, Phénicie est rapidement reprise en main par Charles avant que Céline puis Vincent ne prennent à leur tour les rênes de la société de manière plus ou moins légale. En huit ans, Phénicie a donné lieu à des luttes internes fratricides et à un long duel sans merci entre Vincent et Charles.

saison 1

Les Mistraliens unis contre le corbeau Livia

Date : 20 mai 2005

Le pitch : Après avoir été démasqué, le docteur Livia échappe à son arrestation en sautant d'une falaise.

UNE PATERNITÉ RETROUVÉE

Le 1er mars 2005, Thomas Lenoir, un jeune homosexuel, est engagé comme serveur au bar de Roland. Sympathique et doué d'un contact facile, Thomas se rapproche des Mistraliens en se montrant curieux de l'histoire du quartier. Il a ses raisons : sa mère, Iris, a vécu au Mistral avant d'y être assassinée dans de mystérieuses circonstances vingt-deux ans auparavant. Neuf mois avant la naissance de Thomas, elle avait eu une liaison avec Léo et Roland quasiment en même temps. Le but de la venue de Thomas au Mistral est double : retrouver son père biologique ainsi que l'assassin de sa mère. Grâce à un test ADN, il est établi que Thomas est le fils de Roland. Ce dernier surmonte ses préjugés homophobes et reconnaît le jeune homme, qui adopte son nom de famille et devient ainsi Thomas Marci. Reste à retrouver l'assassin…

Le sourire échangé entre Thomas et Roland ne doit pas faire oublier leurs débuts difficiles.

LA MALÉDICTION DES ONZE ANS

Parallèlement à l'arrivée de Thomas, le Mistral est victime d'un corbeau qui terrorise Marseille en faisant resurgir de vieilles affaires de meurtres non élucidées et en menaçant des Mistraliens du même sort. Léo croit en une malédiction qui, tous les onze ans, lui fait perdre la femme qu'il aime. Mais la réalité est tout autre puisqu'il s'agit des méfaits du docteur Livia, un médecin fou qui, dans une sorte de rituel, assassine l'une de ses patientes

Mistraliens concernés : Dr Livia • Thomas • Nicolas • Léo • Vincent • Charles • Roland

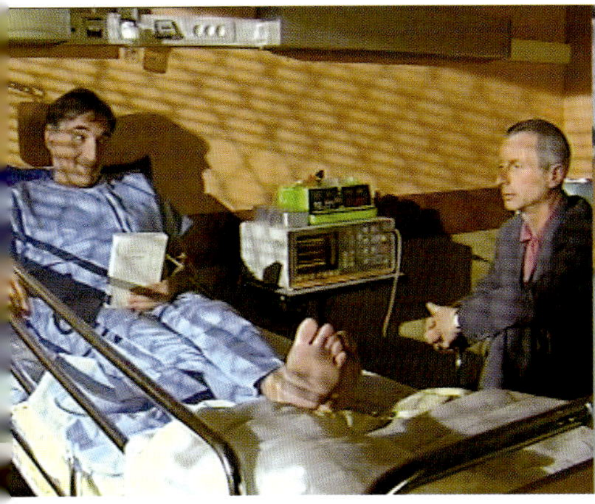

tous les onze ans. Sa première victime fut la mère de Thomas, sa seconde Khadidja, l'ex-femme de Léo, et sa nouvelle cible n'est autre que Charlotte, sa patiente préférée, qu'il manipule à son gré grâce à l'hypnose. Bruno Livia est un tueur en série trop dangereux pour être affronté en face à face. Dans ces cas-là, au Mistral, l'union fait la force.

TOUCHÉ MAIS PAS COULÉ !

C'est d'abord Charles, en prison depuis l'affaire Phénicie, qui met Léo sur la piste de Livia, moyennant une remise en liberté. Léo se lance alors à la poursuite du médecin en compagnie de Vincent, terrifié à l'idée qu'on s'en prenne à Charlotte. N'est-il pas trop tard ? Bruno a en effet convoqué Charlotte sous hypnose et lui ordonne de se trancher la gorge. Vincent arrive à temps et, grâce à une touchante déclaration d'amour, réveille sa belle de son sommeil mortel. Les deux amoureux tombent dans les bras l'un de l'autre. Léo prend de son côté l'assassin en filature et le coince au bord d'une falaise. Livia est fait comme un rat ! Léo le somme de se rendre, mais le médecin saute de la falaise. Il est porté disparu sans qu'on ait retrouvé son corps. Il se rappellera au bon souvenir des Mistraliens quelques mois plus tard (voir p. 42).

LE SAVIEZ-VOUS ?

Thomas-Nicolas, une première à la télévision française ! L'arrivée de Thomas dans cette arche et son histoire d'amour simple et sincère avec Nicolas, le collègue de Léo au commissariat, marquent un tournant dans l'histoire de la télévision française : un couple homosexuel vit sa relation de façon décomplexée et s'embrasse sur la bouche devant des millions de téléspectateurs. Une grande fierté pour la production, qui espère faire bouger les mentalités

Le terrible accident de Johanna et Lucas

Date : 5 août 2005

Le pitch : Johanna provoque un accident de voiture alors qu'elle entend au téléphone Ninon et Rudy faire l'amour.

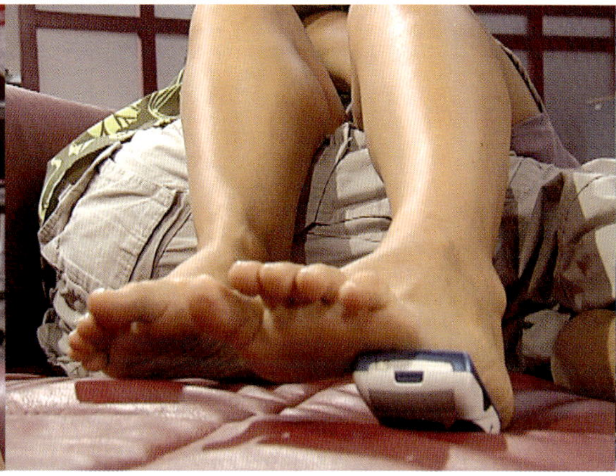

LES PRÉMICES D'UN DRAME

C'est le temps des premières amours au Mistral. Rudy craque pour Ninon à son arrivée à Marseille. Les deux ados vivent une histoire passionnelle, mais la frivolité de Rudy va les conduire à la rupture.

Après l'accident de voiture de Johanna et Lucas, les Marci se sont reconstruits en famille.

Une cassure, certes, mais leur amour reste intact. Par fierté, ni l'un ni l'autre ne veut faire le premier pas vers une réconciliation. Rudy cède même aux avances de la sœur de son meilleur ami, Johanna, alors âgée de 16 ans. Lors de leur première nuit d'amour, Johanna tombe enceinte. Elle s'en rend compte le 26 avril 2005 lorsque son amie Juliette lui suggère de faire un test de grossesse. Pas de quoi déstabiliser la petite Marci, au caractère déjà bien trempé ! Johanna compte garder l'enfant... et du même coup Rudy, qui a toujours les yeux et le cœur tournés vers le loft d'en face, celui des Chaumette.

LES FAITS

Jour après jour, Ninon et Rudy redeviennent complices. À tel point que Ninon, qui devait partir avec William, son petit ami, décide de rester à Marseille pour reprendre son histoire avec son premier amour. Johanna l'ignore. En ce 5 août 2005, elle s'apprête à rejoindre ses parents à Saint-Tropez en voiture avec Lucas. Rudy trouve une excuse pour rester au Mistral avec Ninon. Les deux ex-amants cèdent alors à leur passion. Mais, lors du trajet, Johanna reçoit un appel involontaire de Rudy et

Mistraliens concernés : Johanna • Rudy • Ninon • Lucas • Blanche • Juliette

l'entend faire l'amour avec Ninon. Folle de rage, elle force Lucas à faire brusquement demi-tour, et la voiture se retourne. Johanna se réveille à l'hôpital et apprend par Blanche qu'elle a perdu son bébé. Quant à Lucas, il est désormais privé de l'usage de ses jambes et mettra plusieurs mois avant de marcher de nouveau.

LES CONSÉQUENCES

Le début d'une rivalité. Amnésique après l'accident, Johanna retrouve le souvenir du drame en sortant de l'hôpital, et cherche par tous les moyens à se venger de Rudy et de Ninon. Elle organise notamment un repas arrosé à l'acide chlorhydrique. Les trois ados s'en sortiront de justesse.

Un amour impossible. Bien que fous amoureux, Ninon et Rudy n'arrivent pas à assumer la lourde responsabilité de l'accident. D'autant que tout le Mistral s'en mêle et n'hésite pas à envenimer la situation. Le 26 août, ils renoncent à vivre leur idylle malgré leur attirance, qui alimentera la chronique d'une relation inachevée.

LE SAVIEZ-VOUS ?

La date de l'accident de voiture est une date symbolique pour *Plus belle la vie*, qui entre à cette occasion dans une autre dimension en s'offrant une cascade pour la première fois. Il fallait bien cela pour surmonter la première interruption du feuilleton pendant deux semaines, à l'occasion des championnats du monde d'athlétisme !

Sur la piste des manuscrits sacrés

Date : 23 août 2005

Le pitch : Éva Cabestany retrouve les manuscrits sacrés, mais le coffre les contenant est piégé.

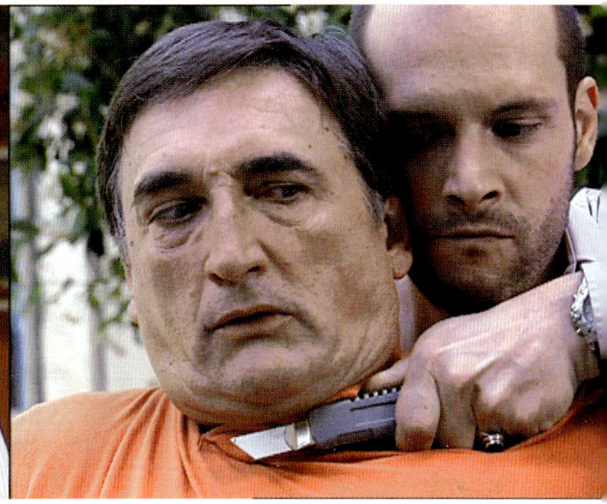

L'ARRIVÉE DE NATHAN ET GUILLAUME

La course aux manuscrits sacrés commence avec l'arrivée d'un Mistralien qui deviendra essentiel : Guillaume Leserman, généalogiste réputé, qui retrouve sa tante Rachel qu'il croyait disparue durant la déportation. Guillaume décide de s'installer au Mistral pour renouer avec ses origines et fait venir Nathan, son fils adolescent insupportable, avec qui il a des rapports très chaotiques – doux euphémisme ! Ce qui pourrait ressembler à de jolies retrouvailles familiales masque un but caché pour Guillaume : retrouver des manuscrits sacrés, un véritable trésor archéologique caché par la famille Lévy-Leserman pendant la guerre et volé par la belle-famille de Charles Frémont pendant l'Occupation. Depuis, les manuscrits ont disparu. La chasse au trésor est lancée en cet été 2005, et tous les coups sont permis…

LA COURSE À TROIS

Sur son chemin, Guillaume trouve rapidement Frémont, attiré par l'odeur de l'argent que peut représenter un tel trésor. Leur confrontation tourne à ce point au vinaigre que, lorsque Charles disparaît dans des circonstances étranges, la police place Guillaume derrière les barreaux. Il s'agit d'un stratagème de Frémont, qui réapparaît quelques jours plus tard prétendument amnésique, avec une longueur d'avance sur son adversaire. Dans leur duel,

Nathan a trouvé au Mistral bien plus qu'un père : une famille !

Mistraliens concernés : Éva • Guillaume • Nathan • Luna • Vincent • Rachel • Charles • Juliette

les deux meilleurs ennemis ne voient pas arriver un troisième larron, ou plus exactement une larronne, aussi séduisante que dangereuse : Éva Cabestany. Conservatrice de musée, la jeune femme se présente à Marseille pour mettre la main sur ce trésor et lui rendre sa place dans un musée. Mais, derrière ses intentions louables, s'en cachent d'autres inavouées. En réalité, Éva est atteinte d'un mal incurable dont le remède serait écrit dans les manuscrits. Sa maladie progresse et ses jours sont comptés, Éva n'a plus le choix si elle veut survivre.

DES MANUSCRITS SACRÉS… ET PIÉGÉS

Sachant jouer de son physique, Éva manipule Vincent, qui est bien documenté, pour doubler ses adversaires dans la chasse au trésor. Sans pitié, elle tue un professeur de latin après lui avoir soutiré des renseignements, empoisonne Nathan pour ralentir son père et, enfin, séquestre Juliette, la fille cadette de Charles, pour tenter de fouiller dans ses souvenirs d'enfance. Les efforts d'Éva portent leurs fruits : elle localise la zone où sont enterrés les manuscrits et exhume le coffre après avoir fait creuser Vincent, un pistolet sur la nuque. Quelques minutes plus tard, Guillaume et Nathan la rejoignent pour la prévenir qu'elle court un grand danger en ouvrant le coffre. Mais, aveuglée par son désir de guérison, Éva ne les écoute pas et se fait transpercer les mains par des clous empoissonnés à l'ouverture du coffre piégé. Elle meurt quelques instants plus tard dans les bras de Vincent.

LE SAVIEZ-VOUS ?

L'arche des manuscrits sacrés se conclut dans le magnifique paysage des calanques marseillaises. L'action dans les décors extérieurs prend de plus en plus de poids au cours de la saison 1. Depuis le début du feuilleton, deux tiers des séquences sont tournées en intérieur et un tiers en extérieur. Cette règle est toujours la même aujourd'hui.

Les mariages du Mistral

1

Mirta dit « non » à Roland !
29 octobre 2004

Mirta n'a pas trouvé le courage d'avouer à Roland qu'elle était toujours mariée avec Manuel, et refuse sa demande devant le maire. L'union n'est pas prononcée.

Vincent contraint d'épouser Céline.
4 mars 2005

Infiltré dans Phénicie pour faire tomber Charles Frémont, Vincent est contraint d'épouser Céline, qu'il n'aime pas. Il demandera le divorce dès le lendemain.

Anthony épouse Mélanie pour son héritage.
18 janvier 2006

Mélanie accepte la demande en mariage d'Anthony quelques semaines après leur rencontre. Mais, une fois qu'ils sont mariés, Anthony tente de la tuer. Il est emprisonné et Mélanie divorce dans la foulée.

Le 2e mariage de Céline et Vincent.
26 janvier 2007

Cette fois-ci, c'est un mariage d'amour entre Céline et Vincent. Mais l'un comme l'autre ne peuvent s'empêcher d'aller voir ailleurs (Louis, Aurélie). Ils divorcent quelques mois plus tard. (Ph. 1)

Charlotte et Jacques : mariage tragique.
12 septembre 2007

Charlotte épouse le très fortuné Jacques, qui est assassiné peu de temps après le mariage. Charlotte – qui menait une double vie – est accusée du meurtre avant d'être innocentée.

JB et Johanna : un mariage pour une statuette.
9 avril 2008

Jean-Baptiste enquête sur la mort de sa mère. Cette dernière a caché des documents confidentiels dans une statuette qui doit être remise à son fils uniquement le jour où il sera marié. Il demande ce service à Johanna, sa meilleure amie. La statuette obtenue, le couple divorce.

Mirta et Roland : un mariage de bonheur.
19 septembre 2008

Après une belle cérémonie sur la plage selon le rituel polynésien, Mirta et Roland officialisent leur amour devant le maire. Ils sont toujours ensemble et heureux en couple. (Ph. 2)

2

3

4

Samia et Boher: le faux mariage. 6 novembre 2008
Pour coincer Myriam, une organisatrice de mariages soupçonnée de cambrioler les appartements de ses clients durant la cérémonie, Samia et Boher simulent une union qui n'a pas de valeur juridique, au grand soulagement des deux flics, qui se détestent à l'époque.

Mélanie: la malédiction du blanc. 23 janvier 2009
Second mariage, cette fois avec Bruno, et pas plus de réussite pour Mélanie, contrainte d'épouser l'héritier homosexuel d'un clan mafieux qui menace de s'en prendre à ses proches. Mélanie divorce dès que la famille Basini s'éloigne du Mistral.

Vadim et Luna: un mariage, un enterrement. 14 août 2009
Luna et Vadim se marient au Mistral avant de s'envoler pour vivre au Brésil, d'où est originaire Vadim. Ils reviennent un an plus tard au Mistral, où Vadim est assassiné par Denilson.

Blanche et Franck: mariage interrompu. 13 avril 2010
Le juge Estève interrompt la cérémonie au moment où Blanche s'apprête à dire « oui » afin d'ordonner l'arrestation de Franck. Le mariage ne sera pas prononcé.

Johanna et Gaspard: mariage à Las Vegas. 3 janvier 2011
Johanna revient des États-Unis avec Gaspard, son clown de mari. Ils se sont mariés sur un coup de tête à Las Vegas. Johanna divorcera en apprenant la liaison de Gaspard avec sa mère. (Ph. 4)

Samia et Boher: le mariage impensable. 19 septembre 2011
Personne n'aurait misé un kopeck sur cette union entre un flic raciste et une jeune rebelle de banlieue. Mais de l'eau a coulé sous les ponts et les deux opposés sont devenus inséparables. (Ph. 3)

Adriana et Guillaume: le mariage d'une condamnée. 2 novembre 2011
Alors qu'elle est atteinte d'un cancer incurable, Adriana demande Guillaume en mariage pour qu'il devienne le tuteur légal de sa fille. Le couple s'unit à l'hôpital avant qu'Adriana ne s'éteigne quelques jours plus tard.

Ève et Benoît: le mariage indécent. 8 février 2012
Sentant qu'Ève en pince pour Benoît, le fiancé de Mélanie, Gaston joue l'entremetteur pour sa petite protégée et leur offre une grosse somme d'argent s'ils se marient. Le duo accepte et encaisse une partie du pactole avant de divorcer.

Saison 2
L'envol du Mistral

Après une première saison d'ajustements, *Plus belle la vie* prend son envol au cours de cette deuxième année. Le feuilleton gagne en intrigues policières, les épisodes se terminent sur un suspense de plus en plus haletant et les auteurs se permettent même d'aller sur le terrain du surnaturel avec l'histoire des fantômes du Mistral. Le public accroche, et le cap des 5 millions de téléspectateurs est atteint – et même dépassé – chaque soir. Du coup, *Plus belle la vie* file vers son 500ᵉ épisode, un record pour une série française !

Le Mistral mis en quarantaine

Date : 30 septembre 2005

Le pitch : Florent est abattu après avoir causé une contamination du Mistral par un virus mortel.

DAMIEN A-T-IL CHANGÉ ?

Un retour qui fait couler beaucoup d'encre ! Damien Mara, le père de Rudy, revient au Mistral le 2 septembre 2005 après quinze ans d'absence. Mirta est hors d'elle en apprenant que son ancien beau-fils toxicomane, qu'elle n'avait cessé d'éloigner de sa famille, ose revenir à Marseille. En revanche, Rudy et Luna sont plus ouverts à ce retour : Rudy veut apprendre à connaître un père qu'il n'a jamais vu, et Luna est heureuse de revoir son premier amour, qu'elle n'a jamais cessé d'aimer. D'autant que Damien a bien changé : il est devenu un prêtre respectable s'occupant de missions humanitaires en Afrique. Il vient au Mistral pour contrer les plans du crapuleux Florent Barjac. À la tête des laboratoires Spari, celui-ci est coupable d'expériences de vaccinations illégales en Afrique et n'hésite pas à régler dans le sang le compte de ceux qui se mettent sur sa route. Damien est prévenu !

Traumatisé par la mort de sa compagne, Léo a failli commettre l'irréparable.

EN QUARANTAINE !

L'affrontement entre Damien et Florent prend une autre tournure lorsque, à cause d'une mauvaise manipulation, ce dernier contamine le Mistral par un virus mortel alors que les Mistraliens organisent une fête de quartier. Léo interrompt la musique et ordonne aux habitants de se calfeutrer chez eux. Un vent de panique s'installe à Marseille, mais il est déjà trop tard, le virus a commencé à exercer ses ravages : Carole

Mistraliens concernés : Damien • Rudy • Luna • Léo • Carole • Guillaume • Florent • Céline

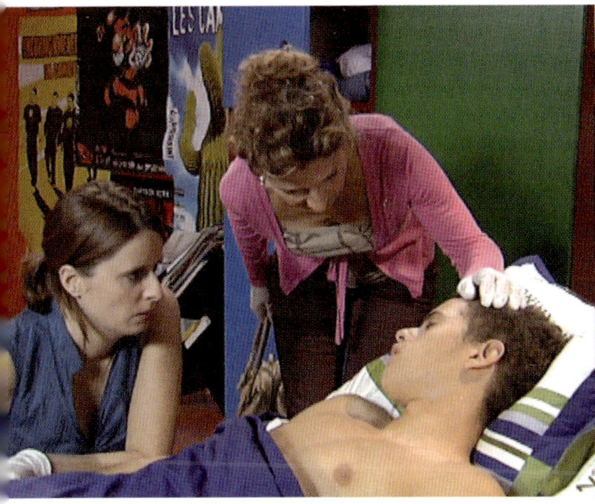

Lenoir, tante et mère adoptive de Thomas, meurt dans les bras de Léo, avec lequel elle vivait une belle romance. Après ce drame, Léo tentera de mettre fin à ses jours, mais Roland arrivera à temps pour l'en empêcher. Rachel et Rudy sont eux aussi contaminés et s'en sortent de justesse. Cette mort frôlée du doigt sert de déclic à Rudy et Ninon, qui se remettent ensemble.

FLORENT TUÉ, DAMIEN REPARTI

Un sérum est finalement trouvé pour contrer le virus. La police se rapproche de Florent, tout comme Frémont, qui, affolé à l'idée qu'un tel criminel puisse épouser sa fille, veut également sa peau. Charles retrouve Florent en premier et lui propose un marché : il couvre sa fuite à l'étranger s'il lui promet de ne plus revoir Céline. Florent accepte dans un premier temps, mais son amour pour Céline est trop fort : il revient la chercher et se fait tuer par un sniper d'un camp mafieux adverse. De son côté, Damien hésite à reformer sa famille avec Luna et Rudy. Finalement, face à la peine de Guillaume et de Nathan, et vu son rôle indispensable en Afrique, il choisit de repartir en mission humanitaire. Luna retourne alors dans les bras de Guillaume.

LE SAVIEZ-VOUS ?

Au cours de cette intrigue, Guillaume vient en aide aux victimes du virus en démontrant ses qualités de médecin.
Il avait suivi dans sa jeunesse un cursus universitaire de médecine avant d'embrasser la carrière de généalogiste. Cet épisode lui sert de déclic : il passe sa thèse et reprend sa formation de généraliste. Quelques semaines plus tard, il ouvre le cabinet Leserman, où Michel Tautavel, Thibaud Josselin et Vadim Cazals viendront lui prêter main forte et le remplacer lors de ses congés.

Les origines de Mélanie

Date : 18 janvier 2006

Le pitch : Anthony envisage d'assassiner Mélanie afin de récupérer son héritage, mais sa tentative échoue.

UN COUP DE FOUDRE !

Alors qu'elle vit une relation monotone avec Malik, Mélanie a un coup de foudre pour Anthony, un skipper qui fait le tour du monde à bord de son voilier. Mélanie le retient avant qu'il ne reparte en mer : elle veut vivre une grande passion ! Anthony lui demande alors sa main. Le mariage est programmé quelques semaines plus tard. L'amour d'Anthony est salutaire pour Mélanie, qui est sujette à d'atroces crises de somnambulisme depuis qu'elle a croisé au bar Henri Laroque, un étrange inconnu qui a décidé de lui léguer sa fortune. Mélanie suit une thérapie. Grâce à Roland, qui connaissait sa grand-mère algérienne, elle commence à mieux comprendre son cauchemar récurrent, dans lequel elle voit sa mère se défenestrer. Finalement, le puzzle de ses rêves s'assemble lors de sa nuit de noces.

RÉVÉLATION SUR RÉVÉLATION

Henri Laroque a violé la grand-mère de Mélanie durant la guerre d'Algérie. Sandrine, la mère de cette dernière est née de ce viol. Lorsqu'elle l'a appris, Sandrine est entrée dans une colère noire contre ce père biologique et, au cours de leur dispute, elle a chuté par la fenêtre de son appartement, décédant sur le coup. Mélanie souhaite désormais régler ses comptes avec cet infâme grand-père et part lui dire ses quatre vérités. Il est retrouvé assassiné le lendemain, et elle se voit soupçonnée du meurtre. Pourtant, c'est

Anthony a les yeux fixés sur Mélanie… ou plutôt sur son héritage !

Mistraliens concernés : Mélanie • Anthony • Henri • Malik • Roland

chez un autre membre de la famille d'Henri qu'il faut chercher le coupable : son petit-neveu, qui n'est autre qu'Anthony. Au courant de toute l'histoire familiale de Mélanie, Anthony voyait dans ce mariage un bon moyen d'effacer ses dettes puisqu'il devenait ainsi l'héritier de la belle fortune d'Henri, au même titre que Mélanie. Ce qu'il n'avait pas prévu, c'est que la jeune femme refuserait l'héritage.

LA MARIÉE LA PLUS TRISTE DU MONDE

Quand Mélanie annonce à son époux qu'elle compte faire don de ce legs à une association, le skipper n'a plus le choix : il doit tuer Mélanie pour hériter à son tour. Anthony veut profiter de leur voyage de noces au château de Cassis pour la pousser du haut d'une falaise et faire croire à un accident. Heureusement, Malik – toujours fou amoureux de Mélanie – garde un œil sur Anthony, en qui il n'a aucune confiance. Il comprend son stratagème, prévient la police et arrive avant qu'Anthony ne commette l'irréparable. De toute façon, ce dernier ne serait pas parvenu à tuer Mélanie ; il n'avait pas prévu qu'à force de fréquenter la jolie serveuse, il allait finalement en tomber amoureux !

LE SAVIEZ-VOUS ?

Qu'est-ce qu'un cliff ? Employé dans le jargon de l'audiovisuel pour désigner la fin d'un épisode, le cliff est l'abréviation du terme anglais *cliffhanger* (*cliff* signifie « falaise » et *hang* « accrocher »). Le cliff met généralement les personnages dans des situations périlleuses et laisse ainsi le téléspectateur « accroché » à son écran pour lui donner l'envie de connaître la suite, et donc de revenir le lendemain !

Les p'tites terreurs du Mistral

1

Terry, le lycéen attardé qui rackette Nathan ; Christelle, la nièce rebelle de Charlotte qui entraîne Luna dans un hold-up… La saison 2 ouvre la voie à une nouvelle catégorie de Mistraliens : les ados terribles !

Christelle Le Bihac, la rebelle (Ph. 1)

Ado marginale et SDF, Christelle est la reine de la provoc'. Aucun Mistralien n'arrive à dompter la nièce de Charlotte, sauf une, Luna, de qui Christelle tombe amoureuse. Alors, quand Luna a des ennuis avec un représentant commercial, Christelle n'hésite pas à organiser le braquage de sa boutique. Elle finira en maison de repos.

Terry et Snake, de redoutables frères (Ph. 2)

Le cadet Terry a racketté Nathan trois semaines durant pendant que l'aîné, Snake, montait son business d'ordinateurs volés. Snake a ensuite enlevé Samia et tenté de l'asphyxier en l'enfermant dans un garage. Samia arrive à se libérer, et à faire arrêter Snake et son frère.

Renaud Sardi, le psychopathe

Renfermé et souffrant d'un profond mal-être, Renaud a de gros problèmes relationnels. Quand

2

3

4

il devient la risée du Mistral, il n'a qu'un seul but : faire payer son humiliation au prix fort. Il transforme la fête d'Estelle en *murder party*. Rudy le maîtrise sans pouvoir éviter la mort d'Alain Jacquet.

Arnaud Pia, le vengeur masqué (Ph. 3)
Arrivé au Mistral pour venger son père assassiné vingt ans plus tôt par les membres d'un gang marseillais, Arnaud piste Franck, qu'il tient pour responsable de cette mort. Il kidnappe Blanche, enceinte, pour attirer Franck dans sa planque et tenter de le tuer. Mais, au moment d'appuyer sur la gâchette, il n'en a pas la force.

Manon Privat, la manipulatrice (Ph. 5)
Sous ses airs naïfs, Manon est une manipulatrice hors pair. Associée à Yann, son fiancé et ancien amant de Charlotte, elle monte un plan diabolique pour s'emparer de l'héritage de la couturière. Léo l'arrête avant qu'elle ne s'enfuie vers les Antilles avec le pactole.

Jennifer Amiel, la trafiquante (Ph. 4)
Issue du foyer dans lequel travaillait Benoît, Jennifer est connue pour ses petits trafics de clopes avant de voir plus gros en s'associant à Kamsky, le chef d'un sordide trafic de clandestins. Prise de remords, Jennifer fuit la France, mais Kamsky la rattrape et la tue.

5

Les fantômes du passé

Date : 6 mars 2006

Le pitch : Alice est arrêtée alors qu'elle s'apprête à tuer François pour venger sa sœur.

LE RÉVEIL DE LA MALÉDICTION

L'épicerie du Mistral ferme ses portes et laisse place à un centre de réinsertion d'anciens toxicomanes dirigé par Alice Jouvenin, la femme de David, un ancien camarade de lycée de Blanche et François.

Ne vous fiez pas à ce visage d'ange, Alice est une diablesse !

Les trois anciens amis s'étaient perdus de vue. Heureux de ces retrouvailles impromptues, ils décident d'organiser un repas avec leurs autres camarades de classe. La joyeuse troupe se retrouve comme si elle ne s'était jamais quittée, en évitant cependant de parler du drame qui a eu lieu vingt-cinq ans auparavant lors de la fête de fin d'année du lycée : Nadine, l'ancienne copine de François, était morte dans l'incendie d'une chambre du Select sans que personne ne lui soit venu en aide. Mais ce repas réveille les démons du passé : David est assassiné le soir même, et ce n'est qu'un début…

L'ESPRIT DE VENGEANCE

S'ensuit dans le quartier une série de meurtres ayant pour point commun l'appartenance à cette promo maudite. Le climat se tend dans la famille Marci : François sent que son tour va bientôt arriver, et Lucas est victime de crises de somnambulisme, durant lesquelles il communique dans son sommeil avec l'au-delà. Alice apporte tout son soutien aux Marci. Plus tard, son comportement ne fera que les diviser : sa liaison avec François entraîne la rupture de celui-ci avec sa femme. Blanche demande

Mistraliens concernés : Blanche • François • Alice • David • Lucas • Johanna • Léo

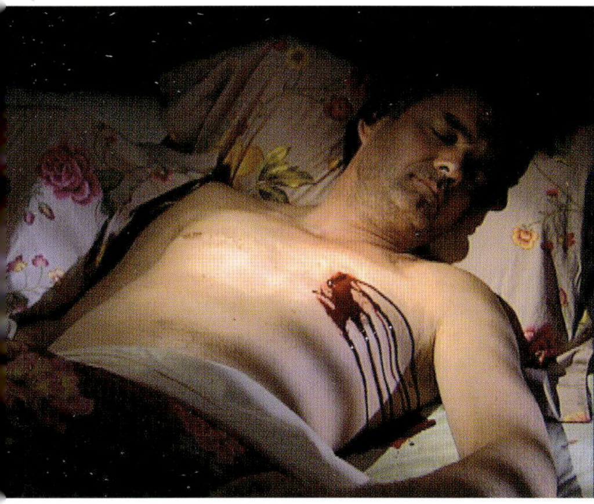

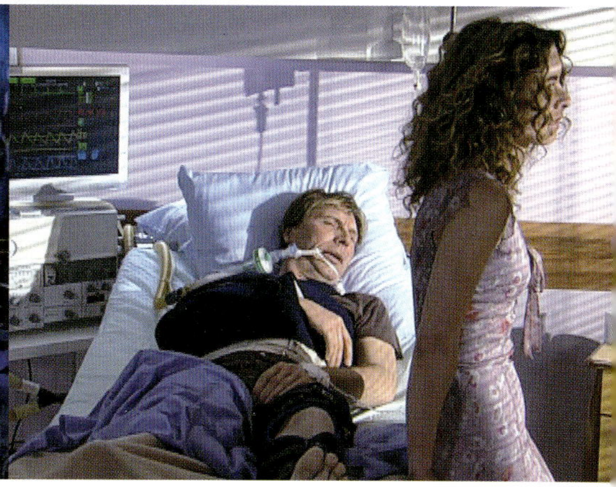

bientôt le divorce. Le cycle de malchance se poursuit lorsque Lucas, tombé dans le coma après une nouvelle crise, se rend compte qu'il communique avec le fantôme de Nadine et que cette dernière l'empêche de reprendre connaissance. Elle lui prédit l'avenir : son père va se faire tuer par sa sœur, Alice !

LE DÉNOUEMENT

Effectivement, Alice est revenue au Mistral pour venger Nadine de tous ceux qui l'ont lâchement abandonnée et qui sont, selon elle, responsables de sa mort. Il n'en reste plus qu'un sur la liste, François, qu'elle compte tuer dans les mêmes circonstances que sa sœur en l'attachant dans leur chambre du Select et en y mettant le feu ! Heureusement, Lucas est libéré de son coma par Nadine, et il arrive à temps pour sauver son père des mains d'Alice. La jeune femme au visage angélique est arrêtée par la police, mais le mal est fait : la famille Marci en aura subi les conséquences, déchirée à jamais.

LE SAVIEZ-VOUS ?

Cette intrigue des « Fantômes du Mistral » entraîne le départ de deux comédiens de la première heure : Thierry Ragueneau (François) et Geoffrey Sauveaux (Lucas), partis vers d'autres horizons. Dans le feuilleton, François s'exile à La Nouvelle-Orléans, laissant femme et enfants à Marseille. Il divorcera de Blanche quelques semaines plus tard et sera bientôt rejoint par Lucas, qui fait le choix de vivre avec son père. François refera une apparition au Mistral six ans plus tard, lors du 2012e épisode.

La course au pouvoir de Picmal

Date : 8 juin 2006

Le pitch : Picmal est arrêté pour avoir commandité des meurtres alors qu'il se présentait aux élections cantonales.

LE MYSTÉRIEUX PEINTRE AUSTRALIEN

Ninon et Rudy filent le parfait amour jusqu'à l'arrivée de Marc Vernet au printemps 2006. Ce peintre venu d'Australie charme Ninon malgré les zones d'ombre qui l'entourent : pas de traces de lui au-delà des trois dernières années, une venue au Mistral sous une fausse identité et, surtout, une condamnation pour le meurtre de son ex-fiancée, Sylvie Carlier, douze ans auparavant. Qu'est-il venu faire au Mistral ? Il veut retrouver l'assassin de Sylvie, à la place duquel il a été emprisonné. Ses soupçons se portent en premier lieu sur Vincent, qui a également eu une aventure avec Sylvie. Mais Ninon convainc Marc de l'innocence de son père. L'apprentie journaliste décide de l'aider dans son enquête.

Échange de regards assassins entre Marc et Vincent. Mais le mal est ailleurs...

LA CAMPAGNE ÉLECTORALE BAT SON PLEIN

Dans le même temps, le Mistral est en pleine élection cantonale. Blanche s'est lancée dans la course pour contrer Charles-Henri Picmal, un politicien démago au discours sécuritaire. Malheureusement, les derniers événements du Mistral semblent lui donner raison : Anne Bocara, la fiancée de Roland, est assassinée, tandis que Léo, qui enquête sur la mort de Sylvie et la relie à un trafic de tableaux volés datant de la même époque, est poignardé. Tout semble accuser Marc, ce repris de justice que Picmal ne se prive pas de stigmatiser. Et le nouveau fiancé de Mirta a plus d'une raison de le faire...

Mistraliens concernés : Ninon • Marc • Vincent • Rudy • Anne • Roland • Charles • Picmal

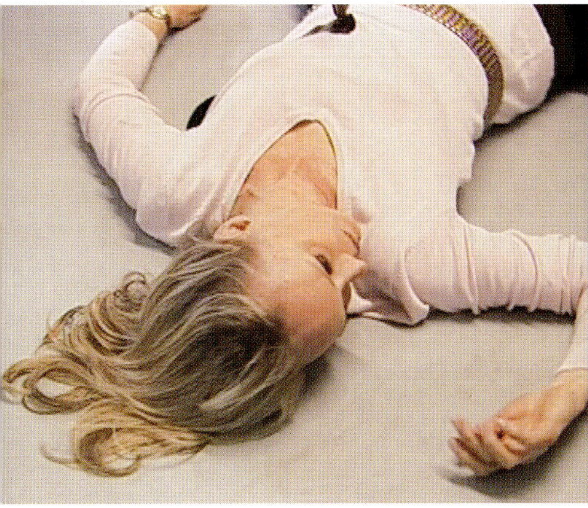

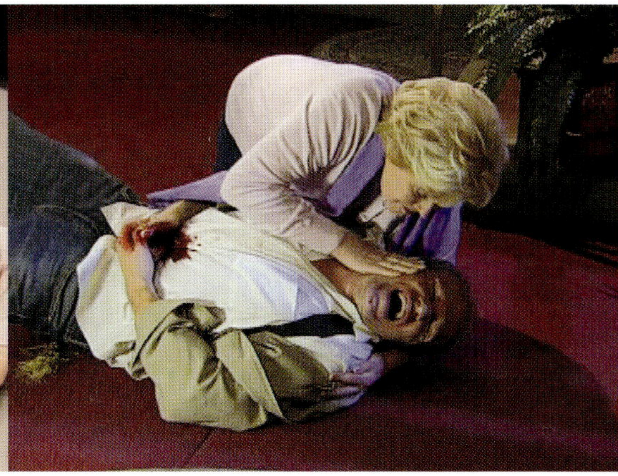

PICMAL EN TAULE, NINON EN AUSTRALIE

En effet, Picmal est à l'origine de tous ces meurtres. C'est lui qui avait tué Sylvie Carlier, sa maîtresse, parce qu'elle menaçait de révéler son trafic de tableaux volés. Avec l'aide du commissaire Beaumont, un ripou, et de Charles Frémont, qui avait sciemment saboté la défense de son client, Picmal avait réussi à faire condamner Marc. Il pensait le dossier définitivement classé, mais Ninon, Léo, Marc ainsi que Charles – soucieux de se racheter – prouvent sa culpabilité. Le fiancé de Mirta tente alors de se débarrasser d'eux, mais il est arrêté avant d'appuyer sur la gâchette. Il est envoyé aux Baumettes en compagnie du commissaire Beaumont. L'affaire réglée, Marc repart en Australie avec Ninon, folle amoureuse. Elle en reviendra quelques mois plus tard pour reprendre sa relation avec Rudy.

LE SAVIEZ-VOUS ?

Avec cette intrigue, *Plus belle la vie* s'aventure sur un terrain glissant : la politique. Difficile d'éviter le sujet lorsque l'on se veut une série réaliste, et difficile aussi de l'aborder sans être suspecté de parti pris. Le feuilleton prend ainsi soin de représenter toutes les opinions à travers ses personnages. Quant aux élections nationales, elles sont évoquées le lendemain du résultat des urnes. Mais le tournage, un mois en amont, oblige à quelques ruses. Ainsi, pour les élections présidentielles de 2007 et 2012, deux versions de l'épisode sont tournées : l'une où le candidat socialiste est donné vainqueur et l'autre où celui de la droite l'emporte.

Les Mercœur à l'assaut de l'héritage Frémont

Date : 4 septembre 2006

Le pitch : L'échec de leur mission pour récupérer l'héritage Frémont entraîne les Mercœur dans la mort.

LA MORT D'ASTRID

La famille Frémont vit un drame, en cet été 2006, avec la mort d'Astrid, l'ex-femme de Charles et la mère de Juliette et Céline. Les deux sœurs trouvent du réconfort auprès d'un couple nouvellement arrivé au Mistral : les Mercœur. Gabriel est un brillant ethnologue, auteur d'ouvrages qui sensibilisent au sort d'une tribu brésilienne en voie d'extinction : les Marani. Karine est une spécialiste de la médecine à base de plantes, qu'elle maîtrise sur le bout des doigts. Leur écoute et leurs remèdes sont d'un grand secours à Juliette et à Céline, qui, sous influence, décident de céder la demeure provençale héritée de leur mère aux Mercœur pour en faire un centre de médecine douce. Charles, qui veut transformer cette maison en hôtel, ne l'entend pas de cette oreille, d'autant qu'il se montre méfiant vis à vis du couple. Il n'a pas tort !

LA GUERRE FAMILIALE

Éperdue d'admiration, Juliette cède à son amour pour Gabriel et se met en couple avec lui, malgré leur écart d'âge de trente ans. Fou de rage, Charles convainc alors sa fille aînée de rejoindre son camp. Déçue par les Mercœur, Céline accepte et ordonne leur expropriation de sa demeure. L'affaire se règle au tribunal, où les filles Frémont se déchirent. Céline obtient finalement gain de cause. Karine semble alors rejoindre le camp adverse : elle fait mine d'être

Derrière ce couple aux apparences sympathiques se cache un duo machiavélique.

Mistraliens concernés : Karine • Gabriel • Charles • Céline • Juliette • Johanna • Dorvalino

bouleversée par la trahison de son mari pour se rapprocher de Charles – avec qui elle entame une histoire. Elle en profite ensuite pour droguer Céline et la faire interner en hôpital psychiatrique. Le jugement est ainsi remis en cause, les Mercœur semblent triompher.

LA CHUTE DES MERCŒUR

C'était compter sans l'arrivée d'un nouveau venu : Dorvalino, le fils caché de Gabriel au Brésil, qui va révéler un lourd secret sur son père. Gabriel est un escroc qui a volé les secrets de la médecine douce des Marani pour commercialiser ces remèdes en France. Juliette tombe de haut en l'apprenant. Voyant ses rêves de richesse menacés, Karine tue Gabriel, qu'elle tient pour responsable de l'échec de leur plan. Puis elle kidnappe Juliette et demande une rançon à Charles. Mais le père de la jeune femme, plus malin, la piège et l'envoie en prison, où elle met fin à ses jours. Les sœurs Frémont se réconcilient et décident de faire de la propriété un centre pour enfants défavorisés. Au grand désespoir de leur père !

LE SAVIEZ-VOUS ?

C'est au cours de l'intrigue sur les Mercœur que la série fête son 500e épisode. Si le chiffre impressionne en France, il n'égale pas encore certaines séries étrangères. À la même époque, outre-Manche, le très british *Coronation Street*, dont le premier épisode fut diffusé en 1960, célèbre son 6 100e épisode… Bref, si *Plus belle la vie* suit la même voie, on a des chances, un beau jour, de voir les petits-enfants de Johanna et Nathan jouer ensemble place du Mistral !

Terrain glissant !

500e épisode 4 août 2006

Pour marquer l'événement du 500e épisode et des audiences au plus haut, la production s'aventure sur d'autres sommets, ceux des calanques marseillaises, pour un cliff à couper le souffle. Nathan et Julia partent en randonnée chercher un cadre merveilleux pour la première fois tant espérée du jeune homme, celui-ci ayant collectionné les « râteaux » depuis son arrivée au Mistral en juin 2005 ! Mais leur romance dans la garrigue tourne au cauchemar : un glissement de terrain, et c'est la chute. Leur vie ne tient plus qu'à un fil… Revivez pas à pas cette séquence à travers les souvenirs du comédien Thibaud Vaneck (Nathan).

• L'escalade. La séquence reine de cet épisode se déroule derrière les calanques, à quelques pas de Marseille, « en pleine cambrousse », dixit Thibaud. « Ce jour-là, il faisait très chaud, c'était éprouvant. Des cascadeurs avaient répété la séquence la veille. Tout était prêt pour notre arrivée. » Reste malgré tout à atteindre le haut de la falaise, là où se tournent les premiers plans de la séquence. Pas évident pour un novice en escalade : « C'est vrai que je n'en avais jamais fait auparavant. Mais ce que l'on m'a demandé était abordable. En plus, j'étais entouré de moniteurs d'escalade. » Casque sur la tête et harnais de sécurité à la ceinture, Thibaud s'aventure sur les pentes raides des roches provençales.

• Le sommet. Oui, c'est bien Thibaud tout là-haut ! L'interprète de Nathan arrive au point culminant. Et même si ce n'est pas l'Himalaya, la hauteur a de quoi remuer certains cœurs fragiles : « Je n'ai pas le vertige, mais c'est vrai que c'était assez impressionnant. J'avais une très belle vue ! » Pour Thibaud, plutôt habitué jusque-là aux studios, ce cadre naturel n'est-il pas déroutant ? « Non. Pour un acteur, c'est plus facile

de tourner en pleine nature. Tu es vraiment dans l'ambiance. Même s'il y a beaucoup de monde autour de toi (techniciens, acteurs, réalisateur...), tu les oublies facilement pour te concentrer sur la scène. » En faisant quand même attention au terrain glissant...

• La chute. Le moment crucial de la séquence : Julia dérape dans le vide. Nathan tente en vain de la rattraper. Un passage clé dans l'intrigue, dont le tournage n'a pas été de tout repos : « Ç'a été le plan le plus éprouvant de la journée ! Je suis accroché à la falaise et j'essaie d'attraper la main de Julia. C'est vrai qu'au moment de tourner cette séquence, je ne suis qu'à un mètre du sol et qu'il n'y a aucun danger. Mais je suis quand même resté agrippé à la roche du bout des doigts pendant trois quarts d'heure. À la fin de la séquence, j'avais les doigts déchirés ! » Rien n'y fait, Nathan ne parvient pas à attraper Julia et lâche prise à son tour. Il tombe dans le vide... C'est le cliff du 500e épisode !

• La tragédie. Réveil douloureux pour Nathan. À ses côtés, Julia gît inconsciente. Une séquence émotion délicate à interpréter pour Thibaud : « Lorsque je reprends connaissance, je crois que Julia est morte. Je ne sais pas quoi faire. Un hélico de secours passe au-dessus de nos têtes mais ne nous voit pas. Nathan est au bord du désespoir. » L'exercice de style est plutôt inédit pour Thibaud, habitué aux scènes de comédie. Finalement, les secours arriveront et Julia sera sauvée... Pour Thibaud, c'est la fin d'une dure journée, qui le laisse « crevé mais ravi ».

BAR du MISTRAL

Saison 3
Plus belle la vie s'installe dans le temps

La saison de la confirmation. Les Mistraliens entrent dans leur troisième année avec une certitude : ils seront encore là pour un bon moment ! Aussi, la série voit plus grand et plus loin. Plus grand avec son premier prime time pour Noël 2006, le premier d'une longue série. Plus loin avec des portes laissées entrouvertes à des retours de personnages, comme dans tout bon feuilleton. La marche en avant continue.

L'héritage du général Castelli

Date : 13 septembre 2006

Le pitch : Victor Castelli meurt d'une overdose de morphine, son héritage a disparu.

UN RETOUR INATTENDU

Mauvaise surprise: Léo tombe par hasard sur son oncle, le général Castelli, dont il n'a jamais apprécié la discipline militaire, et avec lequel il a coupé les ponts. Victor, atteint d'un cancer en phase terminale, veut reprendre contact avec sa seule famille avant de disparaître. Dans le même temps, il rencontre Rachel, avec qui il a une brève liaison, partageant avec elle de bons souvenirs de leur jeunesse commune. Mais, quelques jours plus tard, Victor est retrouvé mort par Aude, son infirmière particulière. Après le deuil, Léo a la désagréable surprise de découvrir que son héritage a disparu, et il compte bien le récupérer…

Quel secret tourmente autant Aude ? Elle croit être la fille du docteur Livia.

LA CHASSE À L'HÉRITAGE

Léo se heurte à Charles Frémont, toujours présent dans les mauvais coups, et à Guillaume, parti lui aussi à la recherche de l'héritage pour le restituer à sa tante Rachel, la dernière compagne du général. Les trois Mistraliens doivent affronter un autre adversaire, plus redoutable encore, le docteur Livia, de retour au Mistral. Ce dernier a pris une longueur d'avance en profitant des indices recueillis par sa complice, Aude, qu'il manipule en lui faisant croire qu'elle est sa fille. Sans pitié, Bruno Livia la tue une fois qu'il n'a plus besoin d'elle, tout comme Jade, la collègue policière de Léo qui se met en travers de sa route. Une fois démasqué, Livia change d'attitude: il a pris en otage Agathe, la compagne de Léo, et Charlotte, qui le fascine toujours

Mistraliens concernés : Victor • Léo • Rachel • Aude • Dr Livia • Charles • Rudy • Agathe

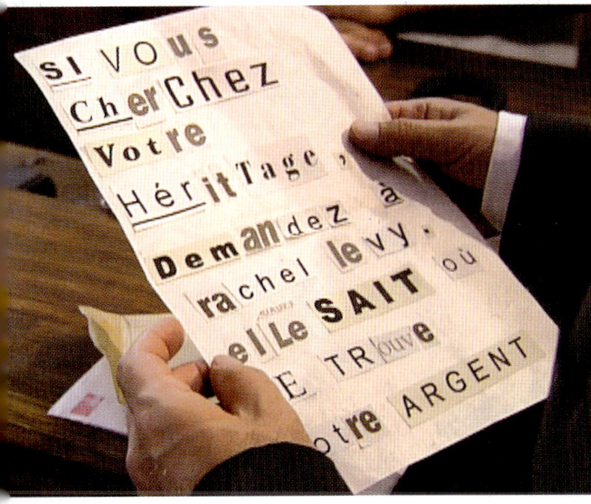

autant. Si Léo ne lui apporte pas l'héritage, elles mourront. Problème : Léo n'a aucune idée d'où il peut être !

UN HÉRITAGE TIMBRÉ

Finalement, Agathe et Charlotte sont délivrées par Rudy, qui vivait une belle histoire d'amour avec Aude et veut venger sa mort. Il retrouve le docteur Livia et s'apprête à le tuer, mais Léo arrive à temps pour le ramener à la raison : il ne peut utiliser les mêmes méthodes qu'un psychopathe et doit avoir confiance en la justice. Rudy lâche son arme, et Léo arrête Livia. Quant au dénouement de l'histoire, le rapport du médecin légiste conclut que le général Castelli n'a pas été assassiné mais s'est bien suicidé pour ne pas vivre une douloureuse agonie. Par jeu, il a transmis l'héritage à son neveu dans une enveloppe, ou plutôt « sur » une enveloppe, avec un timbre estimé à… un million d'euros !

LE SAVIEZ-VOUS ?

Le mot « corde » ne doit jamais être prononcé sur un plateau de tournage. C'est une superstition maritime qui s'est imposée dans le théâtre, puis par extension dans l'audiovisuel. Et pour cause : les premiers constructeurs de décors de théâtre étaient des anciens charpentiers de la marine. Or, sur un bateau, il y avait deux cordes : la corde du pendu et la corde de la cloche signalant les incendies. Bref, mieux valait ne pas entendre parler de ces maudites cordes. D'ailleurs, sur les plateaux, n'appelez jamais le comédien qui joue Roland par son nom complet : Michel Cordes !

La meurtrière au visage d'ange

26 décembre 2006

Le père Noël du Mistral passe un jour plus tard cette année-là. Dans sa hotte, il a pour tous les fans de la série une soirée spéciale avec trois épisodes en prime time sur France 3, en plus de l'épisode habituel de 20 h 20. Résultat : un beau premier succès avec 5,5 millions de téléspectateurs et le début d'une longue série...

Ligotée dans une chambre froide

Un dossier déclassé ! Malik, sollicité par Gauthier Amblin, accepte de défendre la sœur de ce dernier, Claire, une jeune femme au charme troublant, impliquée dans une étrange affaire. En détention préventive, Claire est accusée d'un meurtre pour lequel elle clame son innocence. Malik arrive à lui obtenir une libération conditionnelle. L'affaire devient une obsession pour lui, au point de rendre Mélanie jalouse. La belle serveuse suit de près cette affaire. Et même d'un peu trop près ! Malik reçoit un mail de Claire et une vidéo dans laquelle Mélanie est séquestrée et attachée dans une chambre froide. La température descend peu à peu. La limite du supportable est bientôt atteinte...

Malik agit seul

Le Raid et Léo sont appelés en renfort. Malik reçoit un nouveau message : s'il ne se débarrasse pas de la « flicaille », Mélanie mourra. Il décide alors de faire cavalier seul : il s'enfuit, achète une arme et rejoint Gauthier, le seul à pouvoir deviner où se planque sa sœur, avec laquelle il a une relation fusionnelle. Gauthier explique à Malik que Claire souffre de schizophrénie et, soudain, dès que l'avocat a le dos tourné, il l'assomme. Malik se retrouve avec Mélanie dans la chambre froide. Gauthier, travesti en Claire, s'explique : c'est lui l'auteur du meurtre pour lequel Claire a été condamnée, et c'est lui encore qui a séquestré Mélanie pour se venger de Malik, ne supportant pas la proximité entre sa sœur et l'avocat.

Un dernier acte frère-sœur

Heureusement, la police diffuse un avis de recherche concernant Claire à la télévision. En découvrant son propre visage, la jeune femme comprend que son frère est devenu fou. Cette fois-ci, elle ne le couvrira pas ! Elle se rend dans l'hôtel où ils ont grandi sous les coups d'un père violent et découvre son frère et les autres détenus dans la chambre froide. Claire entre dans son jeu pour calmer sa crise de folie et glisse un couteau à Malik, qui réussit à se délivrer de ses liens. Mais, alors qu'ils s'échappent, Gauthier s'en rend compte et part à leur poursuite, armé. Il les retrouve sur le balcon de la propriété et les menace de son arme. Alors qu'il s'apprête à tirer, Claire surgit derrière lui et le pousse du haut du balcon. Gauthier meurt à l'arrivée de la police.

Nathan et Estelle sauvés des griffes d'Hélène

Date : 28 décembre 2006

Le pitch : Estelle est gravement malade. Seul Nathan peut la sauver.

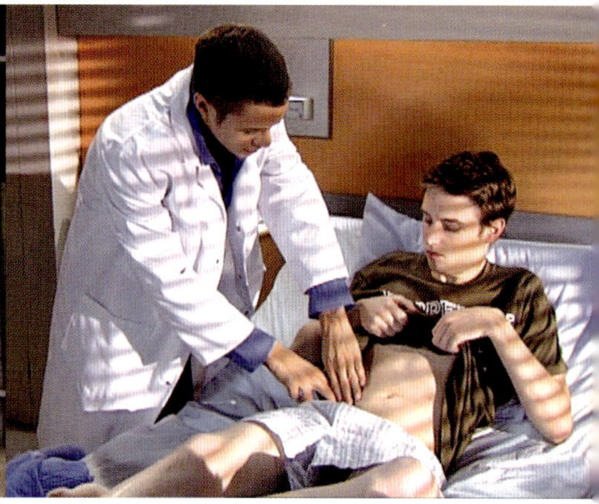

LES PRÉMICES D'UNE SALE AFFAIRE

Nouvelle arrivée au Mistral, Estelle est hospitalisée pour soigner une hépatite auto-immune. Rudy, en stage d'infirmier dans le même hôpital, la prend sous son aile et en tombe amoureux. Il se rend rapidement à l'évidence : si Estelle ne trouve pas un donneur compatible pour une greffe de foie, elle mourra. Dans le même temps, Nathan accueille avec bonheur le retour de sa mère : Sophie a quitté son ashram au Tibet pour renouer les liens familiaux. Guillaume, quant à lui, est de nouveau attiré par Sophie, son amour de jeunesse, avec qui il échange un baiser. Mais, bien vite, le médecin du Mistral a un mauvais pressentiment, car Sophie a des trous de mémoire étonnants sur leur passé. Au final, les destins de Nathan et d'Estelle sont liés. Sophie tombe le masque : sa vraie identité est Hélène, sœur jumelle de Sophie et mère d'Estelle. Son but est d'enlever Nathan, donneur compatible, et de prélever son foie pour permettre la greffe d'Estelle. En effet, Nathan est mineur et n'a légalement pas le droit de faire un don d'organe.

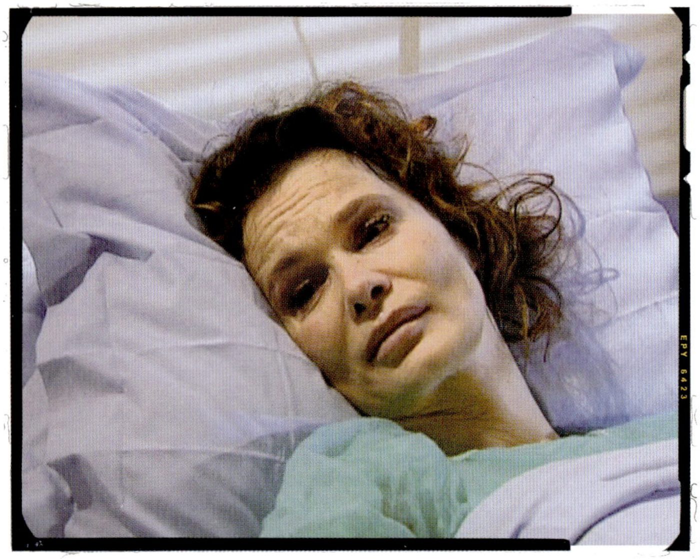

Hélène sur son lit d'hôpital, qui sera bientôt son lit de mort...

LE TOURNANT

Hélène conduit Nathan à l'hôpital pour une prétendue opération de l'appendicite. Rudy se rend compte de la supercherie et en informe Estelle, qui refuse catégoriquement la greffe. Ce refus pousse Hélène dans la folie : elle est prête à tout pour sauver sa

Mistraliens concernés : Nathan • Estelle • Rudy • Guillaume • Hélène • Sophie • Luna

fille. Estelle n'a pas le choix : elle fait croire à sa mère qu'elle s'est suicidée pour mettre un terme à ce plan machiavélique. Désespérée, Hélène tient Rudy pour responsable de la mort de sa fille et tente de le tuer en versant du poison dans son verre lors d'un dîner à la mémoire d'Estelle. Pas dupe, le jeune homme inverse son verre avec celui d'Hélène, qui s'effondre. À l'autre bout du monde, la vraie Sophie, mère de Nathan, est informée des événements tragiques qui se déroulent au Mistral et décide de rejoindre Marseille.

LES CONSÉQUENCES

Un sauvetage : celui d'Estelle, qui reçoit une greffe de sa tante Sophie. Estelle est sauvée et peut vivre son amour avec Rudy – une histoire qui durera trois ans.
Un décès : celui d'Hélène, qui ne résiste pas au poison qu'elle a versé dans le verre de Rudy. La mère d'Estelle s'en va en paix dans les bras de sa sœur jumelle, rassurée sur les chances de survie de sa fille.
Une déception : celle de Nathan, qui, après avoir été trompé par Hélène, affronte le départ de sa mère, qui préfère quitter Marseille. Cet épisode de sa vie aura au moins le mérite de renforcer ses liens avec son père et de lui faire découvrir une nouvelle cousine, Estelle.

LE SAVIEZ-VOUS ?

Deux comédiennes pour le prix d'une ! Hélène et Sophie, les sœurs jumelles, sont incarnées par la même comédienne, Marie-Sophie L. Les séquences où les deux personnages apparaissaient en même temps ont demandé un gros travail de coordination puisque la production a d'abord tourné les séquences d'Hélène (cheveux longs), puis celles de Sophie (coupe à la garçonne), avant d'assembler les deux au montage.

La mort de Nicolas Barrel

Date : 1er mars 2007

Le pitch : Nicolas est tué par son propre père. Du moins c'est ce que l'on croit au Mistral...

UN FRÈRE INFRÉQUENTABLE

Nicolas vit le parfait amour avec Thomas jusqu'à l'arrivée de sa famille, qui, n'acceptant pas son homosexualité, l'a rejeté après son coming out. Nicolas doit d'abord affronter la venue de Louis, son frère, dont les airs calmes et posés dissimulent une vraie crapule. Endetté jusqu'au cou, Louis vient à Marseille pour essayer de se refaire. Par intérêt, il sort avec Charlotte pour qu'elle accepte de s'associer avec lui et qu'elle finance sa société de relooking. Puis il charme Céline, avec qui il a des relations sexuelles clandestines avant de la faire chanter, photos à l'appui, à quelques jours de son second mariage avec Vincent. Enfin, il escroque Thomas sans rien dire à Nicolas et, lorsque Thomas tente de se rebeller, il l'accuse d'avoir tenté de coucher avec lui ! Nicolas ne sait qui croire entre un frère avec qui il retrouve peu à peu sa complicité d'antan et Thomas, l'amour de sa vie. Nicolas veut faire une pause en partant loin du Mistral, mais une tragédie le rattrape : son frère est retrouvé mort.

L'appel de sa famille sera fatal à Nicolas, tué par son père.

LA VENGEANCE DU PÈRE

Yves, père de Louis et Nicolas, et ancien commissaire, arrive au Mistral pour enquêter et retrouver l'assassin de son fils. Il s'attaque en premier à Thomas, qu'il réussit à faire arrêter, mais celui-ci a un alibi en béton : il était dans un bar avec de nombreux témoins le soir où le meurtre a eu lieu. Il est libéré. Yves tente

Mistraliens concernés : Nicolas • Thomas • Yves • Louis • Céline • Charles • Vincent

ensuite de faire porter le chapeau à Vincent, qui avait un bon motif de tuer son fils en apprenant sa liaison avec Céline. Mais Vincent parvient lui aussi à prouver son innocence après plusieurs jours d'incarcération. Alors qu'il s'apprête à sortir de prison, Yves tente de le faire supprimer par un gardien. Il est vrai que sa mort l'arrangerait, puisque le véritable assassin de Louis, c'est lui !

SECRET DE FAMILLE

Depuis quelques mois, Louis faisait chanter Yves après avoir découvert l'impensable sur son père : ce flic macho avait eu une relation homosexuelle. Poussé à bout par son fils aîné, qui demandait toujours plus d'argent contre son silence, Yves n'a trouvé d'autre solution que de le tuer. En poursuivant l'enquête, Nicolas découvre le côté obscur de son père. Il se rend chez lui pour l'arrêter alors qu'Yves s'apprête à fuir à l'étranger. Dans un accès de folie, Yves tire sur Nicolas. Léo arrive trop tard pour empêcher le drame. Après le décès de Nicolas, Thomas, dévasté par la douleur, quitte le quartier pendant quelques semaines. Il n'apprendra qu'un an plus tard que Nicolas n'est pas vraiment mort…

LE SAVIEZ-VOUS ?

L'intrigue sur la mort de Nicolas a passionné les adeptes du feuilleton, très nombreux à suivre les frasques familiales des Barrel. Le 14 février 2006, jour de la Saint-Valentin, tout un symbole, la série bat son record d'audience en réunissant 6 329 600 téléspectateurs.

La machination de Lorraine et Samuel

Date : 23 avril 2007

Le pitch : Après avoir traumatisé Guillaume, le couple Lorraine-Samuel est arrêté.

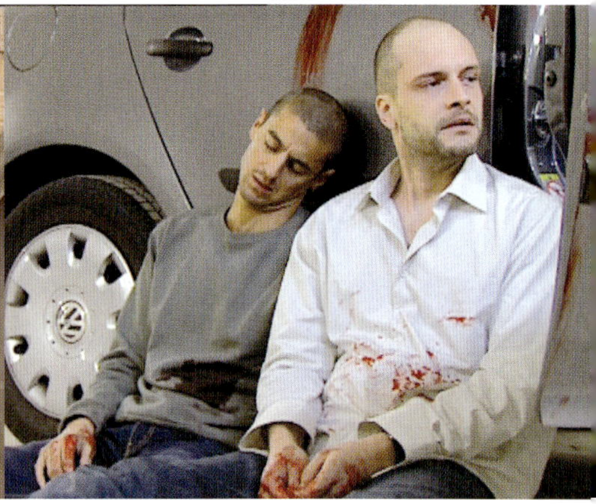

DANS LES TENAILLES D'UN ESCROC

Guillaume est seul depuis que Luna, sa compagne, est partie à un salon de prêt-à-porter à Shanghai. Dans un restaurant, il rencontre une jeune femme, Lorraine Fournier, et tombe sous son charme. Les deux trentenaires cèdent à la tentation dans une chambre d'hôtel, mais ils sont interrompus par un homme masqué qui assomme Guillaume et le dépouille, puis viole Lorraine. Impossible pour les victimes de porter plainte sans se compromettre auprès de Luna et du mari de Lorraine. Et les ennuis ne font que commencer : l'agresseur promet de s'en prendre à leurs proches si on ne lui remet pas 100 000 euros. Guillaume et Lorraine sont piégés !

Un sourire cynique pour un homme qui l'est tout autant : c'est Samuel, le fiancé de Ninon.

LES MASQUES TOMBENT

Guillaume découvre alors que le maître chanteur est Samuel, le copain de Ninon, très apprécié des Mistraliens. Cela ne change rien à la donne : si Guillaume ne paie pas, Samuel s'en prendra à Luna, Rachel ou Nathan, voire aux trois ! Guillaume fait appel à son ami Kamel afin de tendre un piège à Samuel au moment de lui remettre la rançon. Mais, sentant le coup fourré, Samuel abat Kamel sous les yeux de Guillaume. Le père de Nathan se retrouve avec un cadavre sur les bras. Il est bientôt rattrapé et arrêté par la police. Lors de son interrogatoire, il craque et avoue tout. Problème : Lorraine dément toute l'affaire.

Mistraliens concernés : Guillaume • Lorraine • Samuel • Luna • Kamel • Ninon • Charles

POUR LES BEAUX YEUX DE LUNA

Il s'avère que Lorraine n'a pas été réellement violée, que tout ceci n'était qu'une mascarade qu'elle avait mise au point avec Samuel, qui n'est autre que son fiancé. Guillaume est toujours en prison. Au bord du désespoir, il révèle tout à Luna. Cette dernière fait abstraction de son infidélité et sollicite l'aide de Charles Frémont, qui accepte de servir d'appât. Samuel et Lorraine se font berner et sont arrêtés par la police. Guillaume est libéré. Bien que cette histoire ait porté un lourd coup à son histoire d'amour avec Luna, Guillaume et elle finissent par se réconcilier, difficilement.

LE SAVIEZ-VOUS ?

Plus belle la vie change de catégorie. Pour la première fois de son histoire, France 3 juge opportun d'instaurer un avertissement pour l'agression de Guillaume et de Lorraine. L'épisode est ainsi déconseillé aux moins de 12 ans. Dans un souci de réalisme, de nouvelles séquences parfois violentes mais indispensables au développement des intrigues seront tournées, elles aussi déconseillées au jeune public. Malgré ces quelques libertés, le feuilleton reste avant tout une série familiale pour tout public.

Franck réveille la guerre des gangs marseillais

Date : 24 juillet 2007

Le pitch : Léo investit la planque d'Arnaud, qui retient Blanche en otage.

LE TOURBILLON DE L'AMOUR

Blanche rencontre Franck, un électricien qui refait l'installation du bar de Roland. Entre eux, c'est le coup de foudre, et Blanche tombe enceinte de son amant. L'annonce choque Johanna, qui enquête sur ce nouveau beau-père et trouve des zones d'ombre dans son passé. Mis face à ses contradictions, Franck avoue à Blanche que, vingt-trois ans auparavant, il faisait partie d'un gang marseillais, les M13. À la demande du chef de la bande, il a tué un de leurs complices, Pierre Garcia, en le jetant du toit d'un immeuble. Après ce meurtre, Franck a décidé de quitter les M13 et de changer de vie. Blanche est touchée par ses aveux et lui témoigne son amour malgré tout. Un nouveau départ pour Franck ?

LE RETOUR DU PASSÉ

Non, ses vieux démons le rattrapent. Un membre des M13 le retrouve et menace de s'en prendre à Blanche s'il ne lui obéit pas. Qui le manipule ainsi ? Franck reprend contact avec Mario, un ancien du gang, qui lui avoue que Patrick Cléry, le chef des M13 à l'époque, n'est pas mort comme l'avait conclu l'enquête de police, bâclée. Les menaces continuent pour Franck, qui doit maintenant tuer Maïdi Roth, une chanteuse de rock. L'électricien comprend alors que Patrick Cléry est désormais connu sous le nom de Bob, le producteur de Maïdi, avec lequel la chanteuse est en désaccord. Franck convoque Bob pour

Johanna et Léo tentent de raisonner Arnaud.
Rien n'y fait : le jeune homme veut un duel avec Franck.

Mistraliens concernés : Franck • Blanche • Maïdi • Arnaud • Johanna • Bob • Léo

mettre les choses au clair, mais la rencontre s'envenime et Franck, agissant en état de légitime défense, tue Bob. Le cauchemar n'est pas terminé pour autant. Franck s'est trompé de cible et son maître chanteur a enlevé Blanche.

BLANCHE LIBÉRÉE, FRANCK POIGNARDÉ !

Le kidnappeur demande maintenant à Franck de se donner la mort s'il ne veut pas que Blanche et leur futur bébé paient pour ses fautes. Franck est sur le point de céder à ce chantage lorsque Maïdi tombe sur une lettre de menaces adressée à Franck : aucun doute possible, il s'agit de l'écriture d'Arnaud, son ingénieur du son ! Arnaud est en fait le fils de Pierre Garcia, l'homme que Franck a tué à l'époque du gang des M13. Franck, Johanna (qui est la petite amie d'Arnaud) et la police se rendent à la planque du preneur d'otage, qui détient toujours Blanche. Arnaud veut un duel à l'arme blanche contre Franck ; ce dernier accepte et se laisse poignarder, rongé par les remords d'avoir gâché la vie du jeune homme. Finalement, Arnaud est arrêté et Franck s'en sort sain et sauf. Il peut reprendre son histoire avec Blanche. Quelques mois plus tard, Noé naîtra de leur union.

LE SAVIEZ-VOUS ?

Maïdi Roth, arrivée au Mistral au cours de cette intrigue, y joue son propre rôle. La rockeuse plonge ainsi les téléspectateurs dans l'univers d'un studio d'enregistrement et leur fait découvrir les coulisses de la réalisation de son album, qui sortira réellement dans les bacs durant le déroulement de l'intrigue. La frontière entre fiction et réalité n'aura jamais été aussi mince.

La vie au lycée Vincent-Scotto

Lycée dont dépend le quartier du Mistral, Vincent-Scotto a vu défiler de nombreux Mistraliens. Il prend encore davantage d'importance à la rentrée 2012, quand l'on permet aux téléspectateurs de découvrir l'intérieur de l'établissement.

LES BACHELIERS DU LYCÉE SCOTTO

PROMO 2005

- **Ninon** est aujourd'hui journaliste. Après un bac L, elle a suivi un cursus de trois ans à Sciences Po Aix-en-Provence. Pour l'anecdote, Ninon a été victime d'une erreur d'affichage lors de l'annonce des résultats. (Ph. 2)
- Après un bac S obtenu avec mention bien, **Rudy** est interne dans un hôpital.

PROMO 2007

Après son bac L, **Estelle** a suivi des études de lettres modernes à la fac d'Aix-en-Provence jusqu'en licence. À la rentrée 2010-2011, elle a choisi de ne pas se réinscrire pour devenir gérante de la boutique du Mistral, réaménagée depuis en institut de beauté.

PROMO 2008

Après avoir obtenu son bac L avec mention bien, **Johanna** entre directement dans la vie active en apprenant sur le tas son métier d'agent immobilier. (Ph. 1)

PROMO 2009

Après un bac S mention bien, **Raphaël** a suivi une prépa maths sup/maths spé au lycée Vincent-Scotto. (Ph. 3)
Quant à **Nathan**, il a échoué au bac par deux fois puis est entré à Normale Sup. Il a repris aujourd'hui ses études aux États-Unis. (Ph. 1)

1

2

3

4

PROMO 2011

• **Barbara** obtient son bac de justesse et se découvre une passion pour la cuisine, qui la conduira à suivre un BTS professionnel cuisine en alternance. (Ph. 5)

5

6

7

• Après son bac scientifique, obtenu avec la mention bien, **Abdel** s'inscrit à la faculté de droit dans le but de devenir avocat.

PROMO 2012

Après avoir échoué en 2011, **Sybille** n'obtient son bac que de justesse à cause des mauvaises notes obtenues dans les matières où elle a triché avec Frémont. (Ph. 4)

LES PROFS

Pascal Farbery : prof de français, Pascal aura la lourde tâche d'enseigner cette matière à Nathan en 2008. Après avoir vécu une histoire d'amour avec Luna, il décide de partir du Mistral lorsque celle-ci le quitte. (Ph. 6)

Coralie Blain : à 28 ans, Mademoiselle Blain est la jeune professeure de mathématiques de Jonas et Alix en 2011-2012. Elle vit une petite histoire avec Guillaume. Elle retrouve Jonas pour son année de terminale, ainsi que Léa et Ulysse.

Blanche Marci : professeure des écoles, Blanche passe et réussit son Capes, ce qui lui permet d'enseigner au lycée Vincent-Scotto dès la rentrée 2012.

LE PROVISEUR (Ph. 7)

Il n'a été aperçu qu'une fois quand Adriana le contacte pour l'avertir qu'Alix manquera sa rentrée scolaire.

Vassago

Date : 6 septembre 2007

Le pitch : Après avoir fait régner la terreur, Léonard Vassago est tué par sa femme.

VASSAGO S'ATTAQUE AUX FRÉMONT

« Il ne faut jamais pactiser avec le diable ! » Charles Frémont méditera longtemps cet adage, tant Léonard Vassago a bien failli détruire sa famille. Pour avoir mis trop de temps à s'acquitter d'une dette, Charles subit les foudres de Vassago et ses pouvoirs hors du commun. Léonard s'en prend en premier lieu à Céline, qu'il fait accuser du meurtre d'Aurélie, l'amante de Vincent, et qu'il fait emprisonner. Puis, vient le tour de Juliette, qui, sujette à des hallucinations, prend son père pour un meurtrier et tombe dans la drogue. Charles est à son tour victime de visions (il est convaincu d'avoir tué Juliette), au point d'être envoyé en hôpital psychiatrique. La famille Frémont dévastée, la voie est libre pour Léonard, qui désire prendre les rênes de Phénicie.

Vassago, que l'on surnommait « le diable », prend feu sous les yeux impuissants de Véra.

L'IRRÉSISTIBLE ASCENSION DE LÉONARD

Léonard s'empare de l'entreprise familiale en corrompant Vincent. Tout lui réussit, et il n'a pas fini de s'amuser avec les Frémont. Après avoir fait libérer Céline, il lui fait croire qu'elle est sa fille grâce à un test ADN truqué. Quant à Juliette, il lui propose un poste dans la galerie d'art de sa femme, Ornella. Juliette est ravie, et la famille Frémont n'a jamais été autant divisée. Seul Andréas, le petit ami de Juliette, et Ninon, qui voit son père se métamorphoser à son contact, se méfient de Vassago. Andréas, qui n'est autre que le beau-fils de Léonard, propose alors son

Mistraliens concernés : Léonard • Charles • Céline • Juliette • Vincent • Ninon • Andréas • Ornella

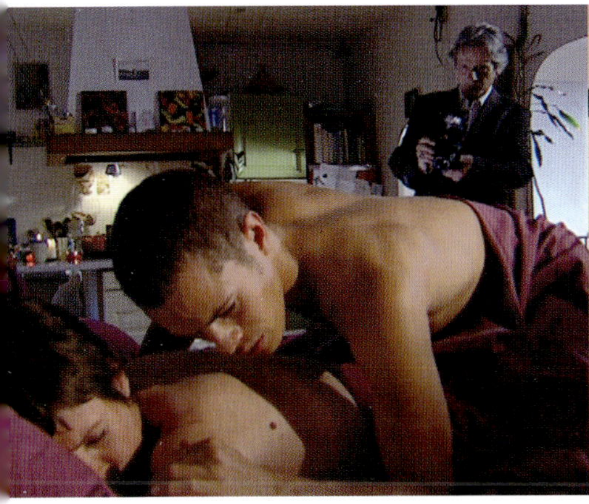

âme à ce dernier pour qu'il laisse Juliette en paix. Quant à Ninon, elle décide de mener l'enquête et découvre que Vassago a un passé obscur.

LE DIABLE PART EN FUMÉE

Voyant qu'elle s'intéresse d'un peu trop près à son histoire, Vassago demande à Andréas de tuer Ninon en lui fournissant un revolver. Le jeune homme échoue et le coup se retourne contre lui : Andréas tombe dans le coma. Un déclic pour Ornella, sa mère : elle entre dans une colère noire contre son mari, qu'elle tient pour responsable du malheur de son fils. L'heure de la vengeance a sonné ! Vassago a perdu de sa superbe et de sa puissance après avoir échoué à corrompre l'âme de Luna. Ornella se retourne contre son mari : elle s'asperge d'essence et s'immole par le feu avec lui. Le couple part en fumée. Andréas sort soudainement du coma et décide de quitter le Mistral en mettant fin à sa relation avec Juliette. Cette dernière se console avec sa famille retrouvée et soudée comme jamais.

LE SAVIEZ-VOUS ?

C'est au cours de cette intrigue que Vincent change de visage et devient un être cynique et ambitieux. Manipulé par Vassago, avec qui il prend les commandes de Phénicie, Vincent accepte des pots-de-vin, s'offre un train de vie de millionnaire, tombe dans la mégalomanie et traite avec dédain ses amis mistraliens d'autrefois. Mais cette nouvelle attitude ne lui réussit pas. Après avoir plongé Phénicie dans une situation financière critique, il décide de fuir à l'étranger. Il en reviendra mais ne sera plus jamais le même homme…

Saison 4
Plus belle la vie s'agrandit !

Alors que *Plus belle la vie* fête son 1 000e épisode, l'univers du feuilleton s'élargit encore à travers un monde virtuel sur Internet, un magazine mensuel et même une boutique à deux pas du Vieux-Port. Cette quatrième saison est marquée par un nouveau prime time, qui voit la naissance du premier bébé de la série, Noé, ainsi que par l'arrivée de Jean-Paul Boher et de la famille Cassagne, et le départ de Malik.

Une terrible vengeance

Date : 10 décembre 2007

Le pitch : Charlotte, traînée dans la boue par les Mistraliens à l'enterrement de Jacques, décide de se venger.

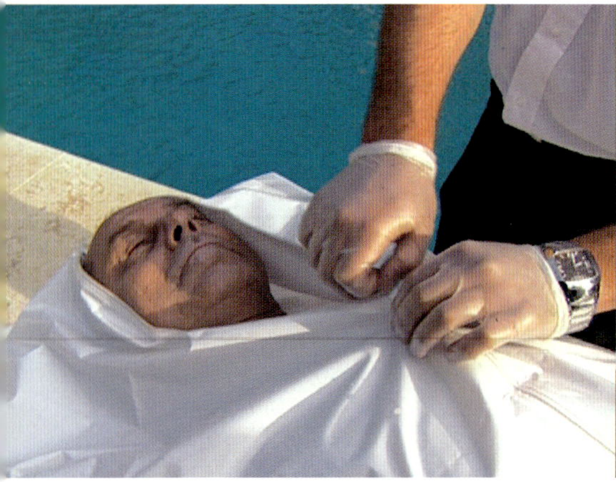

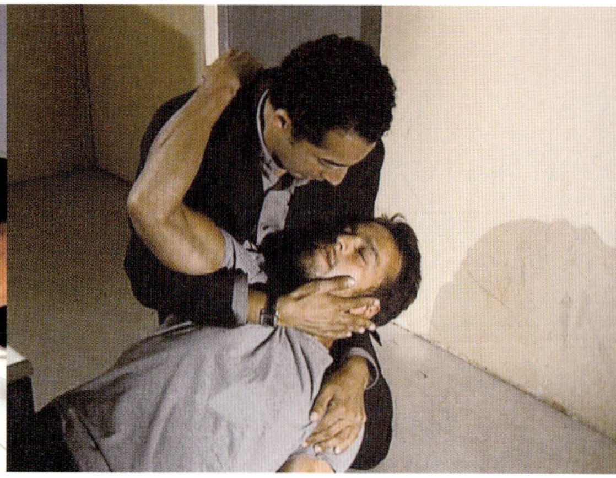

UN MARIAGE ET UN ENTERREMENT

Charlotte vit un véritable conte de fées : elle a rencontré le prince charmant en la personne du très fortuné Jacques Maury, un homme d'une soixantaine d'années. Passant outre la différence d'âge, elle décide de se marier avec lui. Mais le rêve est de courte durée. Marco, un ami de Malik et de Mélanie en réinsertion, se fait embaucher comme jardinier par Jacques et vient semer le trouble dans le cœur de la couturière. Peu après avoir découvert, avec l'aide d'un détective privé, les infidélités de Charlotte avec Marco, Jacques est retrouvé assassiné. Marco devient le suspect numéro 1 et, par amour pour Charlotte, accepte de porter le chapeau. Alors qu'il est au parloir avec Malik, il reçoit des chocolats de la jeune femme, les goûte et s'écroule à terre, empoisonné. Les soupçons se portent désormais sur Charlotte.

Charlotte a tout mis en œuvre pour détruire le couple que forment Mélanie et Malik.

CHARLOTTE LÂCHÉE PAR LE MISTRAL

Tous les Mistraliens, en particulier Malik et Mélanie, se détournent d'elle. Quant à Léo, il n'a pas d'autre choix que de placer la suspecte en détention, malgré leur longue amitié. Charlotte broie du noir et se sent plus seule que jamais. Puis la vérité éclate : Charlotte n'est pour rien dans ces meurtres. Diane Béraud, défenderesse extrémiste de la cause animale, a tout orchestré afin de récupérer l'héritage que Jacques Maury lui avait promis avant de rencontrer Charlotte. La couturière est libérée mais garde en elle

Mistraliens concernés : Jacques • Marco • Malik • Mélanie • Léo • Maxime • Diane

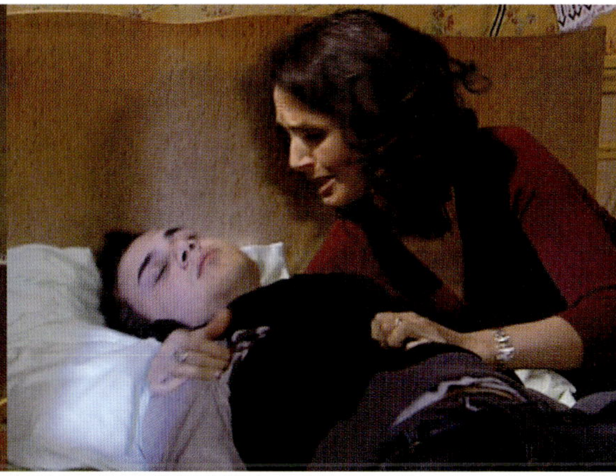

une terrible rancune. Elle rentre au Mistral et décide de se venger de ceux qui l'ont crue coupable.

L'HEURE DE LA VENGEANCE A SONNÉ !

Première cible : le couple Mélanie-Malik. Charlotte embauche un escort boy pour qu'il drague Mélanie, et s'arrange pour que Malik les surprenne ensemble alors qu'ils consomment leur passion. Le couple est brisé. Charlotte s'attaque ensuite à Léo en manipulant Maxime, son beau-fils, pour qu'il cambriole le commissariat du Mistral. Le garçon se fait prendre, et Léo est accusé de négligence car Maxime a réussi à obtenir les codes d'un ordinateur du commissariat grâce à lui. Réalisant qu'il a causé de gros ennuis à son beau-père, Maxime tente de se suicider. Charlotte se rend alors compte qu'elle est allée trop loin et met fin à sa vengeance. Détestée par tout le quartier, elle ferme sa boutique et quitte le Mistral. Une valise à la main et les yeux remplis de larmes, elle part en pleine nuit sans être vue.

LE SAVIEZ-VOUS ?

« On n'est vraiment rien sans elle… » : ce refrain que chaque fan de *Plus belle la vie* a fredonné à de multiples reprises est l'œuvre de la chanteuse et parolière Éva Suissa, interprète du générique du feuilleton. À l'occasion du 1 000e épisode diffusé dans cette quatrième saison, ce générique est rajeuni en mêlant un style plus rock à une nouvelle voix, celle de Jessica Flores. Mais les paroles restent les mêmes, « qu'on soit noir ou blanc » !

Des émeutes au Mistral

Date : 8 novembre 2007

Le pitch : Les manigances de Geoffroy conduisent à une nuit d'émeutes au Mistral.

SPÉCULATION IMMOBILIÈRE

Pendant son jogging, Céline fait la rencontre de Geoffroy Monthoiry, un homme d'affaires séduisant avec qui son père compte investir dans l'immobilier. Céline est méfiante, mais se laisse séduire. Mal lui en prend ! Geoffroy est une ordure qui a un plan machiavélique : faire monter la violence au Mistral afin que les prix de l'immobilier s'effondrent. Geoffroy emploie de faux policiers pour tabasser des jeunes issus de la diversité et, ainsi, attiser la tension envers les forces de l'ordre. Samia et son copain Zack s'insurgent contre les flics, et notamment contre le plus raciste d'entre eux : Jean-Paul Boher. La situation dégénère lorsque Djamila, la cousine de Samia, se fait violer par un faux policier. Poussée à la vengeance par Zack, elle tire sur le commissariat du Mistral et tue Cyril, un contractuel. La nuit suivante, des émeutes éclatent au Mistral.

«Voilà ce qu'on fait aux poulets !» Le message est clair pour Agathe, femme de flic.

LE SELECT MIS EN VENTE

Prise de remords en apprenant la mort de Cyril, Djamila tente de mettre fin à ses jours. L'escalade de violence ne s'arrêtera donc jamais ? À croire que non puisque, dans la foulée, c'est au tour de Rudy de se faire agresser. C'en est trop pour Mirta, qui, sous les encouragements de Geoffroy, décide de vendre son hôtel pour s'éloigner du Mistral. Les démarches de Geoffroy pour s'accaparer le Select mettent la puce à l'oreille du commissaire Véra Madigan, qui

Mistraliens concernés : Geoffroy • Samia • Boher • Charles • Céline • Zack • Djamila • Cyril

comprend la raison de cette flambée de haine et remonte la piste du fauteur de troubles. Céline facilite le travail des policiers : elle les appelle après avoir menotté Geoffroy nu à son lit en lui faisant croire à un jeu sexuel. Céline n'a pas apprécié qu'il complote avec son père. Et il ne faut jamais prendre l'aînée des Frémont pour une imbécile !

DES DÉPARTS ET UNE VOCATION

La fin de l'affaire Monthoiry n'est pas sans conséquences pour les Mistraliens. Djamila, accusée d'homicide involontaire, et Zack, qui l'a incitée à passer à l'acte, sont condamnés et emprisonnés. Charles est conspué par ses filles, horrifiées qu'il ait pu tirer profit des violences au Mistral. Juliette décide même de faire un tour du monde pour s'éloigner de lui. Quant à Samia, par provocation envers Jean-Paul, qui l'accuse de ne rien faire pour améliorer les relations entre la police et les jeunes, elle décide de s'engager au commissariat du Mistral.

LE SAVIEZ-VOUS ?

L'histoire entre Samia et Jean-Paul prend sa source dans cette intrigue. À cette époque, ils se détestent : Samia voit en Jean-Paul un flic raciste, misogyne et provocateur; pour ce dernier, elle n'est qu'une racaille. Leurs rencontres tournent systématiquement au vinaigre et, lors d'une énième altercation au bar de Roland, Samia craque et gifle le policier. Il faudra attendre la saison 5 pour que le duo se rapproche, la 6 pour qu'ils échangent leur premier baiser, la 7 pour qu'ils se marient, et la 8 pour qu'ils attendent un heureux événement !

L'enlèvement de Vincent

Date : 15 février 2008

Le pitch : Après avoir été pris en otage en Centrafrique, Vincent met tout en œuvre pour récupérer Phénicie.

D'URUGUAY EN CENTRAFRIQUE

À la suite de son implication dans les malversations de Léonard Vassago, Vincent avait fui en Uruguay, couvert par sa fille. Le Mistral a depuis perdu sa trace, jusqu'à ce que Ninon reçoive une vidéo de lui, pris en otage par des trafiquants de diamants en Centrafrique. Vincent ne sera libéré que contre une importante rançon. Laurence, la mère de Ninon, vient soutenir sa fille. Grâce à l'intervention de Damien, le père de Rudy, Vincent est rapatrié en France en compagnie de Tamara, une habitante du village où Vincent était retenu, qui l'a aidé pendant sa séquestration. Choqué par ce douloureux épisode, Vincent décide de monter avec Tamara une association, Solidarité Bassonga, afin de créer une école pour les enfants démunis de Centrafrique. Touchée par son engagement, Laurence donne une seconde chance à leur couple. Mais Solidarité Bassonga n'est qu'un leurre…

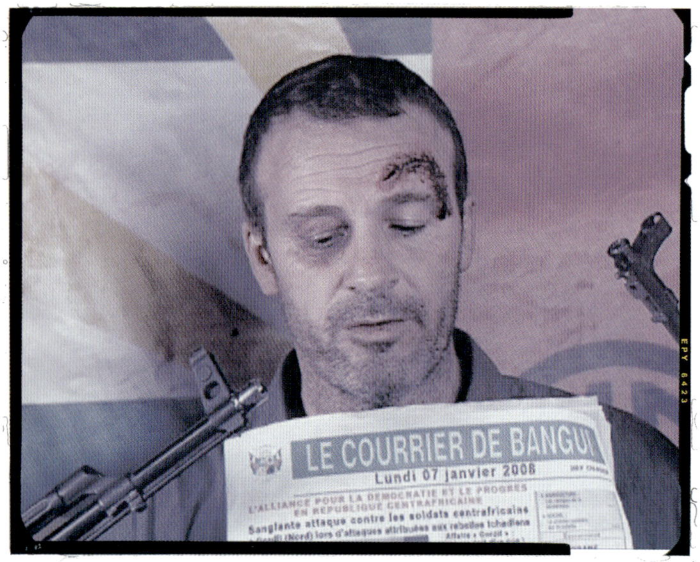

Dans une vidéo envoyée à Ninon, Vincent doit demander une rançon en échange de sa libération.

LE NOUVEAU VISAGE DE VINCENT

La somme récoltée par l'association est reversée à Phénicie, en charge de la construction de l'école. Mais, au moment où doivent commencer les travaux, l'argent a disparu ! Tous les soupçons, et notamment ceux de Céline, se portent sur Charles Frémont, qui paie là sa mauvaise réputation. Directrice générale de Phénicie, Céline décide même de liquider l'entreprise familiale, qui n'est source que de malheurs

Mistraliens concernés : Vincent • Tamara • Charles • Céline • Laurence • Ninon • Damien

selon elle. Une fois n'est pas coutume, Frémont est innocent dans cette affaire. Ce dernier mène alors sa propre enquête et découvre que Vincent et Tamara ont une liaison. Surtout, Tamara possède des diamants bruts dans sa chambre d'hôtel ! L'étau se resserre autour du couple, qui se trouve être à l'origine du détournement d'argent.

SECRET DE FAMILLE

Sentant le vent tourner, Vincent s'arrange pour faire porter le chapeau à Tamara. La jolie Africaine, folle amoureuse du père de Ninon, accepte d'endosser toute la responsabilité de l'affaire. Elle est alors inculpée et expulsée. Vincent s'en sort indemne et fait promettre à Tamara de garder le secret. Les manigances de Vincent ne s'arrêtent pas là : il trahit une nouvelle fois Laurence, qui quitte le Mistral écœurée, et passe par un fonds d'investissement anglais pour racheter Phénicie à Céline. Il devient alors actionnaire principal et directeur général de l'entreprise, puis il nomme Céline directrice adjointe pour se venger du mal qu'elle lui a fait par le passé. La guerre de Vincent contre la famille Frémont ne fait que commencer...

LE SAVIEZ-VOUS ?

Un livre racontant les aventures de Vincent en Uruguay est paru sous le titre *Vincent, une nouvelle vie*. De l'Amérique du Sud à l'Afrique, cette histoire en partie inédite à la télévision contient de nombreuses révélations sur ce qu'a été la vie de l'architecte pendant sa longue absence de Marseille.

La fête tourne au drame

18 décembre 2008

Les prémices d'une soirée cauchemardesque

Un an après son arrivée dans le quartier du Mistral, Estelle convie ses amis à une soirée dans une somptueuse propriété. Roland, accompagné de Blanche, qui est enceinte, vient leur livrer ses bons petits plats. Ils retrouvent Estelle et Ninon, en pleine rivalité pour conquérir le cœur de Rudy, ainsi que Marc, revenu d'Australie pour tenter de recoller les morceaux avec Ninon, son ex. Un autre invité est présent, Renaud Sardi, garçon mal dans sa peau et récemment humilié par les jeunes Mistraliens. Sous ses airs naïfs, Renaud profite de l'événement pour régler ses comptes et rendre cette soirée… inoubliable !

Le masque de Renaud se fissure

Sans être soupçonné, Renaud crève les pneus des voitures, rend toute communication impossible et installe une atmosphère angoissante. Élise, une invitée, disparaît dans les bois alentour. Des manifestations inexpliquées rythment un repas devenu pesant. Les convives ont compris que quelqu'un cherchait à transformer cette soirée en *murder party* ! Mais qui ? Alain, un ami de Roland, se fait poignarder dans la cave ; sous le coup de l'émotion, Blanche a de violentes contractions. Finalement, Rudy découvre les plans de Renaud et parvient à le maîtriser. Mais les secours tardent à arriver et Blanche accouche sur place, soutenue par Roland et sous la direction de Rudy, jeune externe en médecine. Noé pousse ses premiers cris sous le regard

attendri de Franck et de Johanna arrivés entre-temps. C'est la première naissance au Mistral !

Noé, un vent de fraîcheur au Mistral

Noé va changer la vie des Mistraliens : il soude le foyer recomposé Marci-Ruiz autour de Blanche et de Franck, parents d'un adorable bout de chou, et de sa grande sœur Johanna. Roland, beau-papy modèle, est aussi très présent, bientôt rejoint par Wanda, la mère de Blanche, venue mettre un peu de piment dans la famille. De son côté, Rudy choisit Estelle plutôt que Ninon, qui, le cœur meurtri, préfère renvoyer Marc en Australie. Quant à Renaud, il croupit aujourd'hui encore aux Baumettes.

Le secret de la statuette

Date : 11 mars 2008

Le pitch : Catherine meurt empoisonnée. Le secret de sa mort se trouve dans une statuette.

LA COURSE À L'HÉRITAGE

Jean-Baptiste, l'ex de Juliette Frémont, voit d'un mauvais œil la séparation de ses parents aux États-Unis et ne peut s'empêcher, malgré les supplications de sa mère, Catherine, gravement malade, de prévenir son père de sa présence au Mistral. Ce dernier les rejoint, mais Catherine n'a de cesse de le fuir. Peu de temps après, elle est retrouvée morte après une rupture d'anévrisme provoquée par l'absorption d'un sérum de vérité. JB découvre que sa mère était surveillée par les services secrets français, dont faisait partie son père, ainsi que par Jin, nouvelle fiancée de Malik et brillante avocate défendant le gouvernement tibétain en exil. Mais que pouvait bien détenir Catherine pour attiser à ce point les convoitises ? Une liste de noms d'opposants tibétains au régime chinois soupçonnés de vouloir commettre des attentats aux JO de Pékin. JB reçoit en héritage de sa mère une statuette. Aucun doute : la liste est à l'intérieur mais, pour la récupérer, JB doit être marié, conformément au dernier vœu formulé par Catherine.

Jean-Baptiste récupère la statuette que sa mère lui a léguée avant de mourir.

LE MARIAGE BLANC DE JOHANNA

Touchée par son histoire, Johanna accepte un mariage blanc avec JB. Cette union leur permet de récupérer la statuette… qui ne contient finalement qu'un message d'amour de la mère du jeune homme. JB réclame alors des explications à son père. Dominique craque : il avoue s'être procuré cette liste d'opposants

Mistraliens concernés : Jean-Baptiste • Dominique • Catherine • Malik • Jin • Johanna • Bonnant

pour la revendre au gouvernement chinois contre une grosse somme d'argent qui lui aurait permis de soigner sa femme malade. Catherine, qui ne voulait pas être à l'origine de l'exécution de Tibétains, lui a dérobé la liste et a fui au Mistral. Dominique regrette sa décision et veut désormais aider JB à retrouver cette liste pour la brûler. Mais Bonnant, un homme sans scrupule que Dominique avait connu dans les services secrets, n'est pas de cet avis...

LES MASQUES TOMBENT

Bonnant ne veut pas passer à côté d'une belle somme d'argent, quitte à faire couler le sang. JB découvre que la liste est cachée dans l'extension d'un jeu vidéo que sa mère lui a offert. Il veut remettre la liste à son père, mais il découvre qu'ils sont sans cesse surveillés par Bonnant. Dominique dénonce alors son rival aux services secrets, qui n'apprécient guère que Bonnant se serve de leurs technologies pour ses propres intérêts. Bonnant est assassiné. Une fois la liste détruite, Jin avoue avoir tué involontairement Catherine. Elle avait utilisé ce sérum de vérité pour retrouver la liste, et ainsi sauver son mari, un opposant tibétain dont le nom figurait dessus.

LE SAVIEZ-VOUS ?

En scène pour la bonne cause ! À l'initiative de Colette Renard (Rachel), les comédiens de la série montent en avril 2008 sur la scène du théâtre du Gymnase, à Marseille, pour jouer la pièce *À la manière de...*, une succession de petits sketches d'auteurs célèbres, adaptés par Colette Renard et mis en scène par Richard Guedj, le directeur d'acteurs du feuilleton. L'intégralité des bénéfices est reversée à l'association Le Blé de l'espérance.

Des prostituées assassinées

Date : 30 juin 2008

Le pitch : Alors que Francis, l'ancien mac d'Agathe, arrive au Mistral, des prostituées sont retrouvées mortes.

MEURTRES EN SÉRIE

Agathe, la compagne de Léo, prend sous son aile Sunny, une prostituée au bord du rouleau qui travaille pour Athéna Massage, un salon proposant des services coquins à ses clients et avec qui Vincent a l'habitude de traiter pour récompenser les clients de Phénicie. Elle-même ancienne prostituée, Agathe est touchée par la détresse de la jeune femme et veut la protéger, d'autant que Marseille est depuis quelque temps sujet à une série de meurtres frappant exclusivement des prostituées. Agathe a une idée bien précise sur l'identité du tueur : Francis, son ancien mac et le père de son fils. C'est d'ailleurs Maxime, désireux de connaître son père, qui lui a demandé de venir au Mistral.

UNE PROFILEUSE À LA RESCOUSSE

Léo, Maxime et le docteur Thibaud Josselin, le petit ami de Sunny, sont soupçonnés l'un après l'autre d'être le tueur en série. Ils sont tour à tour arrêtés puis relâchés. Le commissariat du Mistral piétine dans son enquête et fait appel à Camille Daubert, une profileuse, qui se jette dans la course contre la montre pour retrouver l'assassin avant qu'il ne commette un nouveau crime. La prochaine victime pourrait bien être Agathe, qui a reçu un bas résille et un poignard, la signature du meurtrier. Elle est terrifiée et accepte alors la proposition de Camille de servir d'appât pour coincer le tueur, la seule solu-

Francis, l'ancien mac d'Agathe, a-t-il changé ? La mère de Maxime est persuadée que non !

Mistraliens concernés : Francis • Maxime • Agathe • Léo • Sunny • Camille • Vincent

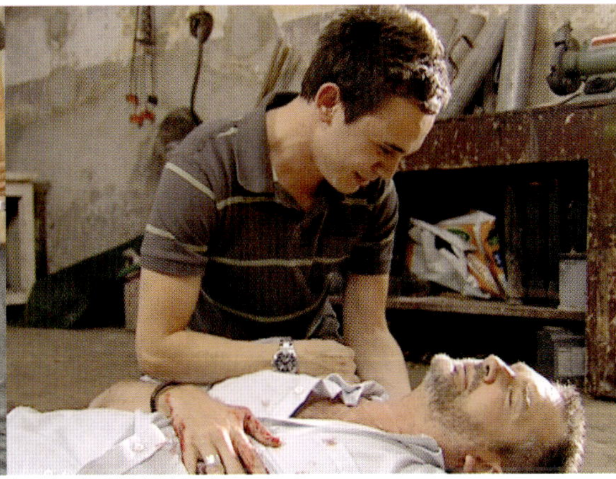

tion selon elle pour éloigner Francis – qu'elle croit toujours coupable – de Maxime. Les deux femmes fixent un rendez-vous au tueur via une annonce dans *La Dépêche marseillaise*. Elles s'y rendent déguisées en prostituées, équipées d'un micro et d'un GPS : la souricière est en place.

FRANCIS SAUVE AGATHE

Mais le tueur tarde à venir. Camille entraîne alors Agathe loin de la zone de surveillance… et la menace d'un revolver en la sommant de la suivre dans un hangar désaffecté. Agathe comprend alors que c'est elle, le tueur en série. Camille, qui a élaboré toute cette mise en scène pour la piéger, s'explique : elle éprouve une haine profonde envers les prostituées depuis que sa mère s'est suicidée devant ses yeux, lassée que son mari la trompe avec des filles de joie. Heureusement, Agathe a le temps d'actionner son portable et de prévenir Maxime et Francis. Le père et le fils appellent la police en même temps qu'ils se rendent au hangar. Agathe est sauvée ! Camille est arrêtée mais, en se défendant, elle tire sur Francis, qui meurt dans les bras de Maxime.

LE SAVIEZ-VOUS ?

Les Cassagne au Mistral ! Au printemps 2008, Raphaël et Sybille rejoignent à Marseille leurs parents, Benoît et Agnès, arrivés deux semaines plus tôt. C'est la première fois depuis les débuts du feuilleton qu'une famille complète s'installe au Mistral. Enfin, complète : pas pour longtemps. Ninon tombe amoureuse de Benoît et fait voler en éclat l'unité de cette famille venue à Marseille pour… se retrouver !

Les origines du Select

Date : 5 septembre 2008

Le pitch : Enfant, Benoît a vécu au Mistral. Il veut découvrir qui a dénoncé sa mère, déportée dans un goulag.

LES P'TITS NOUVEAUX

Les Cassagne arrivent au Mistral. Si les apparences laissent penser que la famille est heureuse, la réalité est tout autre. Agnès, la nouvelle rédactrice en chef de *La Dépêche marseillaise*, ne s'entend plus du tout avec son mari, Benoît, éducateur. Ninon, qui travaille sous les ordres d'Agnès, se retrouve malgré elle au milieu de ces tensions. Une situation d'autant plus délicate qu'elle succombe au charme de Benoît. Leur relation est bientôt révélée au grand jour et fait exploser la famille Cassagne, pour le plus grand malheur de Raphaël et Sybille, les enfants. Après avoir essayé de contrer Ninon, Agnès cède et part en reportage à l'autre bout du monde. Ninon accueille alors les Cassagne dans son loft, au grand dam de Vincent, et tente tant bien que mal de construire une nouvelle vie de famille recomposée. Elle découvre alors que Benoît est venu au Mistral pour des raisons cachées.

Vincent et Agnès, amants et associés pour séparer Benoît de Ninon.

QU'EST DEVENUE ELENA ?

Effectivement, Benoît a grandi au Mistral avec sa mère, une Russe nommée Elena, l'ancienne propriétaire du Select, qui a mystérieusement disparu quand il avait six ans. Benoît a ensuite vécu à Paris, où il a été élevé par son père, René, qui lui a toujours dit que sa mère l'avait abandonné : une cicatrice jamais refermée chez Benoît. Touchée par ses aveux, Ninon décide d'enquêter avec lui. Ils découvrent qu'Elena a été déportée et a fini sa vie emprisonnée dans un goulag après avoir

Mistraliens concernés : Benoît • Ninon • Agnès • Raphaël • Sybille • Mirta • Charles • Marcel

été dénoncée au KGB. Qui a bien pu commettre cette odieuse délation ? Frémont, qui avait eu une relation houleuse avec elle ? Ou Mirta, qui a racheté le Select après sa déportation ? Ou encore Rachel, membre du parti communiste ? Benoît compte bien le découvrir, malgré les risques de son enquête.

LE MAL DANS LA FAMILLE

La réouverture du dossier ne semble pas du goût de tout le monde. C'est d'abord Marcel Guignard, un SDF ayant connu Elena à l'époque, qui est assassiné alors qu'il comptait livrer sa version de l'histoire à Benoît. Puis c'est au tour de Branovitch, un ancien membre du KGB et proche collaborateur de René, de débarquer à Marseille pour dénoncer Mirta. Ninon n'en croit pas un mot et poursuit son enquête dans l'ombre. Elle découvre que c'est le père de Benoît qui a dénoncé Elena : en se débarrassant d'elle, il a ainsi obtenu la garde de son fils, car il estimait que ce dernier ne pouvait pas vivre avec une mère aussi irresponsable. René tente de tuer Ninon avant qu'elle ne le dénonce, mais Benoît arrive à temps pour l'en empêcher et envoyer son propre père en prison.

LE SAVIEZ-VOUS ?

Le 10 juillet 2008, le générique de la série retentit pour la 1 000e fois ! À cette occasion, le Mistral met les petits plats dans les grands : séances de dédicaces aux quatre coins de la France, journées portes ouvertes pour faire découvrir les plateaux de tournage aux fans, visite de la ministre de la Culture Christine Albanel, générique relooké et fête dans un château marseillais… Bref, les bouchons de champagne ont sauté pour cet événement unique dans l'histoire de la télévision française !

saison 4

Malik et Charlotte : destins croisés

Date : 29 août 2008

Le pitch : Alors que Malik, pourchassé par la police, fuit le Mistral, Charlotte regagne Marseille.

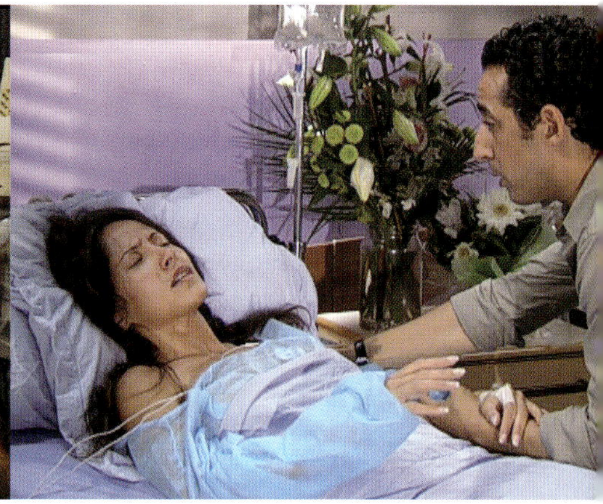

LES PRÉMICES D'UN DÉPART

Deux Mistraliens connaissent durant la même période deux trajectoires opposées. Accusée à tort du meurtre de son mari et conspuée, Charlotte avait fui le Mistral pour regagner sa Bretagne natale. Malik, lui, était un homme estimé de tous et formait avec Mélanie un couple modèle. Mais l'arrivée de Dylan, un vieil ami de Mélanie qui lui a autrefois sauvé la vie, va tout remettre en cause. Malik n'a pas confiance en ce petit malfrat mais, à la demande de Mélanie, il accepte malgré tout de le défendre, et l'innocente dans une affaire de braquage. Dylan ne se range pas pour autant et prépare de nouveau un mauvais coup. Mélanie apprend par Samia que la police veut l'arrêter en flagrant délit. Les policiers arrivent sur les lieux du braquage en même temps qu'elle quand, soudain, Dylan se sert de Mélanie comme otage…

UN CHASSÉ-CROISÉ

Malik entre alors en scène. Il tente de jouer les conciliateurs quand des coups de feu sont échangés. Samia est touchée et sombre dans le coma. Malik est fou de rage contre Dylan et Mélanie. Terrorisé à l'idée de perdre sa sœur, il part armé retrouver Dylan, qui a réussi à s'échapper et à trouver une planque. Les deux hommes en viennent aux mains et Malik tue son adversaire d'une balle dans le ventre. Même s'il était en état de légitime défense, il craint d'aller en prison. L'avocat n'a plus le choix, il doit fuir la France.

En cavale, Malik rejoint Mélanie pour lui dire que leur histoire est terminée.

Mistraliens concernés : Malik • Mélanie • Samia • Guillaume • Luna • Dylan • Yann

Il donne rendez-vous à Mélanie en lui demandant de lui apporter quelques affaires et quitte Marseille, laissant sa fiancée seule et désemparée. Sur son chemin, il croise Charlotte, qui revient au Mistral amnésique et sous l'emprise de son ancien mari, Yann.

LES CONSÉQUENCES

La famille Nassri se disloque. À son réveil, Samia est choquée d'apprendre la fuite de son frère, avec qui elle a des liens très forts. Sa vie ne sera plus jamais la même, tout comme celle de Mélanie, qui perd l'amour de sa vie et mettra du temps à pouvoir aimer de nouveau.

La famille Leserman se reforme. Alors que le Mistral doute que l'amnésie de Charlotte soit réelle, Guillaume prend en charge la jeune femme et l'aide à sortir des griffes de Yann. Charlotte tombe amoureuse de Guillaume, avec qui elle s'installe, mais peine à effacer le souvenir que Luna a laissé à Nathan et à Rachel. D'ailleurs, cette dernière finira par avoir raison de leur relation.

LE SAVIEZ-VOUS ?

Le 10 juillet 2007, la 1re boutique *Plus belle la vie* ouvre ses portes à Marseille. Située au cœur du quartier du Panier, sur la place des Treize-Cantons, elle propose tout un choix de produits estampillés des quatre lettres désormais connues dans la France entière: PBLV. Une vraie caverne d'Ali Baba pour les fans !

Les Mistraliens à l'étranger

Par choix ou par obligation, ils ont quitté Marseille pour refaire leur vie à l'étranger. Avec plus ou moins de réussite…

Damien Mara, un grand cœur au Congo

Préférant suivre sa vocation de prêtre plutôt que de reconstruire sa vie avec Luna et son fils, Damien œuvre depuis la fin de l'année 2005 dans le plus important dispensaire du Congo. Il a accueilli à plusieurs reprises Rudy, qui a effectué la plupart de ses stages de médecine dans son dispensaire. (Ph. 1)

1

Léo et Agathe en Argentine

Victime d'une tentative d'assassinat et blessé aux jambes, Léo part en convalescence en Argentine afin de ne pas être une charge pour sa fille, Barbara. En décembre 2011, il rejoint Agathe, l'amour de sa vie, à Buenos Aires. Avec elle, il réapprend à marcher et retrouve un moral d'acier. (Ph. 2)

Juliette Frémont, l'humanitaire pour s'évader

Piquée par la passion des voyages depuis qu'elle a quitté le Mistral, Juliette a fait le tour du monde. Elle s'occupe désormais d'une association à Tananarive, à Madagascar, où elle s'est installée, et voyage beaucoup. Le 11 janvier 2008, Juliette avait quitté le Mistral écœurée par les agissements de son père. Ils se sont réconciliés depuis. (Ph. 3)

Lucas et François Marci, statu quo aux States

François avait accepté un poste à La Nouvelle-Orléans pour reconstruire l'Alliance française après le passage de l'ouragan Katrina en 2005. Lucas l'a rejoint quelques mois plus tard pour finir ses études auprès de son père. Sept ans après, rien n'a bougé. François est membre de la même entreprise de BTP, et Lucas, après des études de cinéma, tente de percer à Hollywood. (Ph. 4 et 5)

2

3

4

5

6

7

Alix auprès de la *mamma* en Italie

Après le douloureux épisode du décès de sa mère, Adriana, Alix part en vacances en Italie en mars 2012 pour s'occuper de sa grand-mère, malade et esseulée. Avec l'accord de Guillaume, elle décide de rester auprès d'elle dans les Pouilles italiennes, où elle poursuit sa scolarité. (Ph. 6)

8

Gaston Domert, le gigolo américain

Le clochard millionnaire, qui a échoué à marier Benoît et Ève, s'envole en mars 2012 pour les États-Unis avec sa petite amie Rosa Smith, qu'il comptait épouser. Mais, depuis, c'est vers une autre belle fortune que le cœur de Gaston s'est tourné : Mrs Thomson, qui possède la plus grosse usine de saucisses du Wisconsin. (Ph. 7)

Ève Tressère en Nouvelle-Zélande

Après son mariage d'argent avec Benoît, Ève se rend compte qu'elle est follement amoureuse du fiancé de Mélanie. Devant les ravages qu'elle a causés au sein de leur couple et ne supportant pas de croiser Benoît, elle décide de partir en Nouvelle-Zélande. Elle confie la gestion de son salon d'esthétique à Estelle. (Ph. 8)

Saison 5
Plus belle la vie change de look !

Charlotte a définitivement quitté le quartier, qui accueille une nouvelle génération de Mistraliens : Barbara et Abdel viennent secouer le lycée Vincent-Scotto, et Djawad tombe amoureux d'Estelle. Mais c'est un retour qui animera les débats pendant une bonne partie de cette cinquième saison : celui de Nicolas. Le feuilleton double les plaisirs en s'offrant deux prime times, « Le Retour de Nicolas » et « Du rififi au Mistral ! », ce dernier placé sous le signe de la comédie.

Les visions de Sybille

Date : 4 décembre 2008

Le pitch : Sybille retrouve et délivre son demi-frère, retenu prisonnier par sa tante Aline.

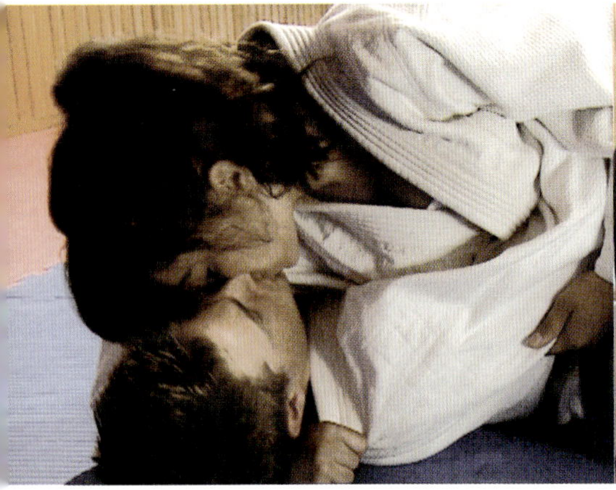
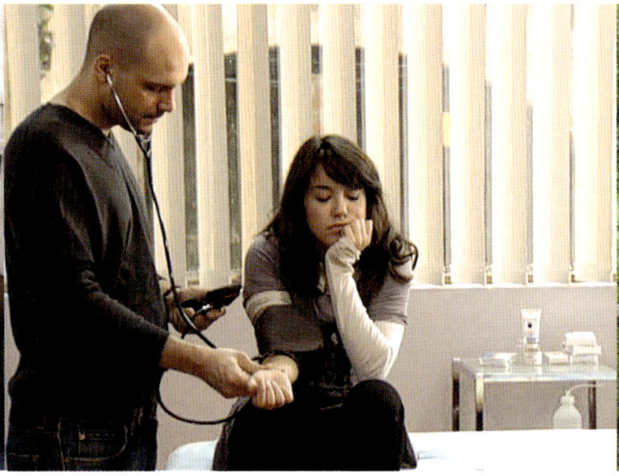

LUDO, L'AMI IMAGINAIRE

Après que Nathan l'a assommée pendant un combat de judo en repoussant ses avances, Sybille déprime : elle dort beaucoup et ne mange presque plus. Au grand soulagement de son entourage, elle commence à aller mieux lorsqu'elle rencontre un nouvel ami, Ludovic, avec qui elle discute dans un parc. Raphaël et Benoît aimeraient bien faire sa connaissance, mais le jeune homme disparaît à chaque fois que Sybille veut le leur présenter. Et pour cause : à part la jeune fille, personne ne voit le garçon. Sybille serait-elle en train de sombrer dans la folie ? Nathan s'inquiète et décide de l'aider à sortir de cette situation.

Une mauvaise chute au judo et Sybille se met à avoir des visions… Est-elle devenue folle ?

LA RESSEMBLANCE ENTRE QUENTIN ET LUDOVIC

Dans le même temps, Luna a un nouvel amant, Aurélien, dont le fils, Quentin, a disparu dix ans plus tôt, ce qui a provoqué la séparation d'Aurélien et de sa femme, Florence. Luna cherche à en savoir plus sur ce douloureux passé, et trouve d'étranges similitudes entre Quentin et l'ami imaginaire de Sybille dont lui parle Nathan. Luna et Nathan cherchent alors à creuser cette piste en questionnant Sybille, mais cette dernière les fuit, mal à l'aise. Le déclic a lieu lorsque Florence, qui n'a jamais perdu l'espoir de retrouver son fils, placarde des portraits de lui sur les murs du Mistral. Plus de doute possible : Sybille reconnaît Ludovic. Lui et Quentin ne font qu'un !

Mistraliens concernés : Sybille • Nathan • Benoît • Raphaël • Quentin • Aurélien • Florence • Aline

UN DEMI-FRÈRE TOMBÉ DU CIEL

Nathan pousse Sybille à entrer en contact avec Quentin afin de découvrir ce qui lui est arrivé. Mais, lorsque Sybille se rend au parc où elle a l'habitude de le rencontrer, elle se fait enlever par Aline, la sœur de Florence. Aline enferme Sybille dans sa cave, où elle retrouve… Quentin ! Jalouse du bonheur de sa sœur, alors qu'elle ne pouvait pas avoir d'enfant, Aline a kidnappé son neveu et le séquestre depuis en lui faisant croire qu'il ne peut s'exposer à la lumière du jour à cause d'une maladie de peau. Sybille arrive à s'échapper et à libérer Quentin, qui peut enfin retrouver ses parents. Après de longues discussions, Sybille découvre que des liens forts l'unissent à Quentin, et que c'est probablement la raison de leur connexion télépathique : Quentin est son demi-frère d'ovocyte.

LE SAVIEZ-VOUS ?

***Plus belle la vie* sur le canapé rouge !**
Pour fêter l'approche de Noël, Michel Drucker reçoit fin 2008 toute l'équipe du feuilleton lors de sa célèbre émission « Vivement Dimanche ! ». Une nouvelle forme de consécration pour la troupe mistralienne.

Le retour de Nicolas

18 novembre 2008

Pour la première fois, *Plus belle la vie* fait une infidélité à Marseille. C'est sur les bords du Rhône, à Lyon, que l'intrigue de ce troisième prime time se déroule pour le retour le plus spectaculaire du feuilleton.

Ressuscité

Alors que Florian s'est fait photographier à la sortie d'un colloque à Lyon, Thomas reconnaît sur la photo, en arrière-plan, Nicolas, sa plus belle histoire d'amour au Mistral. Thomas n'ose imaginer l'impensable puisque, deux ans auparavant, Nicolas est mort sous ses yeux. Mais le serveur du Mistral se rend malgré tout dans la capitale des Trois Gaules pour lever le doute. Il retrouve Nicolas en chair et en os.

Un accueil glacial

Thomas demande une explication, mais Nicolas se montre très froid et le met à la porte sans trahir son secret : il s'est fait passer pour mort afin d'infiltrer la mafia lyonnaise et coincer Richard Toreille, un gros trafiquant de drogue qui risquait de s'en prendre à Thomas. En effet, le serveur détient, sans le savoir, un document susceptible de faire plonger le malfrat : il s'agit d'un film de vacances sur lequel on voit Toreille aux côtés d'un trafiquant de drogue mexicain. En deux ans, Nicolas a réussi à entrer dans sa garde rapprochée en séduisant sa fille Pauline et en lui servant d'avocat. Mais la venue de Thomas remet tout en cause.

Thomas choisit…

Effectivement, Toreille et ses hommes reconnaissent Thomas et remontent la piste jusqu'à Nicolas. L'ancien couple est séquestré par le trafiquant, qui s'apprête à les supprimer lorsque Pauline intervient pour les libérer et tue accidentellement son propre père d'une balle dans la poitrine. Nicolas explique alors à Thomas que tous ses mensonges avaient comme unique but de le protéger, mais Thomas, encore sous le choc, ne peut se résoudre à reprendre leur histoire et décide de rester avec Florian.

Le clan mafieux des Benedetto

Date : 6 février 2009

Le pitch : Bruno fuit le Mistral après avoir brisé le cœur de Mélanie et celui de Thomas.

LE DOUBLE VISAGE DE BRUNO

Bruno Basini, nouveau venu au Mistral, sort Mélanie de la secte dans laquelle elle a sombré. Charmée par le beau blond, la jeune femme accepte sa demande en mariage. Un vrai conte de fées ! Mais Bruno n'est pas un chef d'entreprise modèle : neveu d'Armand, parrain mafieux du clan Benedetto, il doit faire ses preuves dans la criminalité s'il veut lui succéder à la tête de la famille. Or, Bruno ne s'en sent pas capable et cache un secret qui déshonorerait sa famille : il est homosexuel. Il tombe d'ailleurs amoureux de Thomas, avec qui il vit une histoire d'amour clandestine sans connaître ses liens d'amitié avec Mélanie. Bruno a du mal à jongler avec ses mensonges, d'autant que les Benedetto intensifient leur emprise sur Marseille.

LE CLAN BENEDETTO SÈME LA TERREUR

Roland est l'une des principales victimes du chantage exercé par les mafieux, notamment par Serge, le cousin de Bruno, qui veut lui racheter son bar pour un euro symbolique. Roland menace de porter plainte et devient alors une menace pour les Benedetto : il en sait trop et doit disparaître. Serge charge Bruno de le tuer. Mais Bruno, par amour pour Thomas, décide à ses risques et périls de cacher Roland en faisant croire à sa mort. Thomas, soulagé pour son père, étreint Bruno. Mélanie découvre alors leur idylle. Choquée, elle décide de se séparer de son fiancé.

Bruno tente une dernière fois de convaincre Thomas de le suivre, sans résultat.

Mistraliens concernés : Bruno • Mélanie • Thomas • Roland • Serge • Armand

Malheureusement, c'est impossible : s'ils veulent sauver Roland, Bruno et Mélanie doivent se marier pour prendre les rênes du clan et éloigner la famille Benedetto vers d'autres contrées. Contrainte et forcée, Mélanie accepte cette union, malgré son dégoût pour son nouveau mari.

SECRET DE FAMILLE

Leur plan est de nouveau compromis lorsque Serge, en pleine rivalité avec Bruno pour prendre la succession d'Armand, soupçonne la liaison de son cousin avec Thomas. Pour en être sûr, il enlève le fils de Roland, asperge sa voiture d'essence et ordonne à Bruno d'y mettre le feu. Bruno ne pouvant s'y résoudre, il tue Serge. Plus tard, lorsqu'il annonce la mort de Serge à Armand, celui-ci fait une attaque cardiaque. Le clan Benedetto est en pleine déliquescence, et la police sur le point de lever les zones d'ombre sur leurs délits. Bruno, contraint de s'enfuir avant d'être arrêté, supplie Thomas de le suivre… mais ce dernier refuse de quitter le Mistral.

LE SAVIEZ-VOUS ?

Pourquoi *Plus belle la vie* se passe-t-il à Marseille ? La cité phocéenne était le meilleur choix pour la production et le diffuseur. Ville à la renommée internationale, Marseille constitue un melting-pot extraordinaire qui s'inscrit parfaitement dans les valeurs de tolérance et de diversité du feuilleton. De plus, l'ensoleillement de la ville garantit la possibilité de tourner les séquences d'extérieur sans trop de contraintes.

L'incroyable découverte

Date : 17 février 2009

Le pitch : Caroline, l'ex-maîtresse de Léo, revient au Mistral et apprend au policier qu'il a une fille.

UNE PATERNITÉ INSOUPÇONNÉE

Quelle n'est pas la surprise de Léo lorsque réapparaît au Mistral Caroline Evenot, qu'il n'a plus revue depuis dix-sept ans ! À l'époque, Léo et le mari de Caroline, Jérôme, étaient collègues, ce qui n'empêchait pas Léo de vivre une passion adultère avec Caroline. Pour ne pas briser leur couple, Léo avait choisi de disparaître du jour au lendemain. Depuis, Caroline et Jérôme ont eu une fille, Barbara, entrée dans l'adolescence avec tous les excès que cela comporte. En se remémorant leurs souvenirs de jeunesse, Léo renoue avec cette famille d'apparence tranquille. En parallèle, il mène une enquête sur un trafic de clandestins dirigé par un certain Kamsky, qui sème la terreur au Mistral, notamment auprès de Daravahn, la petite amie de Nathan, qui a réussi à échapper de peu au trafiquant.

Léo et Caroline renouent avec leur amour de jeunesse, sous les yeux de Barbara.

DUEL ENTRE PÈRES

De plus en plus complices, Léo et Caroline finissent par s'embrasser. Caroline lui avoue alors que Barbara est sa fille. Léo est sous le choc. Il enquête sur le foyer Evenot, surtout que leur train de vie ne colle pas avec les revenus d'un simple commandant de police. Jérôme semble être en cheville avec le fameux Kamsky. D'ailleurs, Véra Madigan, la commissaire, demande à Léo de le surveiller de près. Finalement, Léo découvre que Jérôme et Kamsky ne font qu'un. Il s'apprête à arrêter le malfrat, mais leur confrontation tourne mal : Léo abat Jérôme sous les yeux de Barbara ! De son côté,

Mistraliens concernés : Léo • Barbara • Agathe • Caroline • Jérôme • Daravahn • Nathan

Caroline, au courant des trafics de son mari, fuit le pays de peur que la police ne remonte jusqu'à elle. Barbara est dévastée.

LE DESTIN DE BARBARA ET LÉO

Le temps du pardon : Barbara ne veut plus entendre parler de Léo. Après une tentative de suicide, elle finit par accepter la mort de son père adoptif et se réconcilie avec son père biologique.
Le temps des connaissances : Barbara consent à vivre avec Léo et apprend à mieux connaître Agathe, la fiancée de Léo. Une nouvelle vie de famille s'instaure.
Le temps de l'affirmation : Barbara grandit. Elle devient un personnage important du Mistral, avec son petit copain Abdel et sa meilleure amie Sybille.

LE SAVIEZ-VOUS ?

À vos sacs à dos ! Depuis l'été 2009, la série propose, en collaboration avec l'office de tourisme marseillais, un circuit touristique parcourant les lieux de tournage du feuilleton, comme la falaise d'où s'est jeté le docteur Livia, la place où Charlotte s'est mariée, les escaliers du Panier où Jean-Paul et Samia ont fait leurs premières rondes, etc. L'occasion pour les fans d'immortaliser ces sites par une photo, au cours d'une randonnée pédestre.

Du rififi au Mistral !

16 juin 2009

Plus ***belle la vie*** **s'offre un prime time aux beaux jours. Et c'est sur le ton de la comédie que se joue une intrigue qui, pourtant, pourrait être dramatique : l'anéantissement du Mistral !**

Une juteuse opération

Le quartier du Mistral vit peut-être ses dernières heures. Émilia Ravel, une femme d'affaires aux dents longues, a réussi à obtenir – au terme d'une entourloupe juridique – la promesse de vente d'un lot d'immeubles comprenant celui où est situé l'appartement des Marci. Émilia veut construire des immeubles de bureaux à la place, et ainsi dénaturer le Mistral. Intéressé par l'opération, Vincent utilise tous ses talents de séducteur pour doubler la belle Émilia. Mais tout cela ne change rien pour les Mistraliens : s'ils n'agissent pas, le quartier est condamné.

Tous unis !

C'est compter sans la ténacité de Johanna et de Nathan, décidés à sauver leur quartier. Leur plan : pénétrer illégalement dans la villa ultra-sécurisée d'Émilia durant son dîner romantique avec Vincent pour y voler la promesse de vente. Johanna séduit et drogue Clotaire, le notaire d'Émilia, pour obtenir l'adresse et le passe de la villa. Mais, une fois

sur place, rien ne se passe comme prévu. Le système d'alarme se déclenche, la police est alertée et les grilles de la villa se referment sur les deux apprentis cambrioleurs. Retenus prisonniers, ils doivent faire appel à Guillaume et à Franck pour venir les libérer. De leur côté, Boher et Samia sont envoyés à la villa pour la surveiller. Samia comprend alors que ses amis sont en danger et use de ses charmes pour ralentir son collègue. À la villa, Guillaume et Franck, encagoulés, libèrent leurs proches mais sont surpris par le retour d'Émilia et de Vincent.

Un mystérieux héros

Au terme d'une spectaculaire partie de cache-cache, Franck et Guillaume finissent par maîtriser Émilia et Vincent sans être démasqués. Mais les deux hommes sont obligés de fuir à l'arrivée de la police… sans avoir pu récupérer la promesse de vente. Une fois libérée, Émilia fait sa déposition, mais la cession du lot d'immeubles est finalement annulée car elle n'a pu présenter la promesse de vente. En effet, un bienfaiteur a récupéré le document et l'a glissé sous le rideau de fer du bar de Roland, qui s'est empressé de le déchirer. Les Mistraliens trinquent à ce mystérieux inconnu en s'interrogeant sur son identité. Et aucun n'imagine qu'il s'agit de Jean-Paul Boher !

saison 5

La guerre écologique du Mistral

Date : 1er mai 2009

Le pitch : Des fûts toxiques contaminant l'eau du Mistral explosent en pleine manifestation écologique.

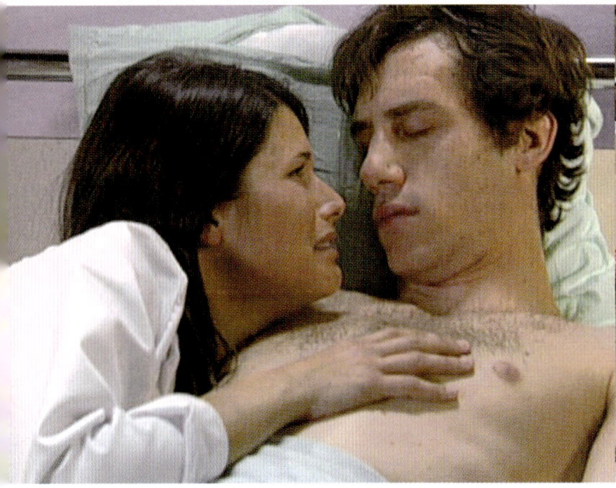

POUR LA MÉMOIRE DE MATTHIEU

Matthieu, la plus belle histoire d'amour de Victoire, réapparaît au Mistral. Atteint de la maladie de Creutzfeldt-Jakob, il est devenu un fervent militant écologiste et veut lever le mystère autour de la contamination de l'eau du Mistral, qui a coûté la vie à plusieurs personnes. Peu de temps après, Matthieu succombe à la maladie. Rudy, Victoire et Johanna décident de rejoindre son association, Ultra Planet, pour poursuivre son combat en sa mémoire. Johanna découvre que Phénicie est responsable de la pollution : il y a plusieurs années, Charles avait enfoui des fûts dans des sols appartenant à l'entreprise pour le compte de Carrington Chemical, une firme chimique dirigée par Martine Massenet. Frémont charge Jean Lissajoux, le père de Victoire et ancien bras droit de Martine, d'étouffer l'affaire.

L'explosion des fûts toxiques crée une atmosphère apocalyptique.

NOÉ ET FRANCK EN DANGER DE MORT

Lorsque Victoire découvre la manigance de son père, elle organise avec Rudy une manifestation au moment même où Phénicie évacue discrètement les fûts toxiques par camion. Mais l'événement tourne au drame : les fûts explosent et toutes les personnes présentes sont en danger de mort, y compris Noé, que Johanna avait emmené, et Franck, qui était justement venu le chercher. Rudy et Victoire sont accusés du sabotage, mais Victoire endosse la responsabilité pour que Rudy demeure libre. Franck, qui refuse de rester

Mistraliens concernés : Victoire • Matthieu • Rudy • Johanna • Jean • Martine • Franck • Noé

sans rien faire alors que son fils est entre la vie et la mort, se rend au bureau de Jean pour se confronter à lui. Or, le lendemain, l'homme est retrouvé assassiné. Franck est devenu le coupable idéal.

VICTOIRE SOUMISE À LA TORTURE

La réalité est tout autre. C'est Martine, la patronne de Carrington Chemical, qui s'est débarrassée de Jean, devenu gênant. Pour innocenter Franck et sauver l'honneur de sa famille, Victoire fouille dans les notes de son père et comprend que Martine est responsable de tout. Seul hic : elle n'a aucune preuve. Elle tente alors un coup de bluff en affirmant qu'avant de mourir, son père lui a laissé des documents prouvant la culpabilité de Martine. Cette dernière mord à l'hameçon et séquestre Victoire. Mais, lorsqu'elle s'apprête à la torturer pour récupérer ces fameux documents, Frémont surgit et abat Martine. À tort, il la pensait coupable de l'enlèvement de Céline, disparue depuis quelques jours. C'est la fin de l'affaire Carrington Chemical.

LE SAVIEZ-VOUS ?

Qui se cache derrière Noé ? Il est difficile de faire tourner un bébé dans une série télévisée. Outre ses réactions incontrôlables, la loi est drastique pour protéger les *baby actors* : nombre limité d'heures de tournage, présence obligatoire d'un des deux parents sur le plateau, etc. Malgré tout, depuis 2008, Noé compte une quarantaine d'apparitions sous plusieurs visages. Ce sont quatre nourrissons qui ont prêté leurs traits au personnage dans les saisons 4 et 5, avant que les jumeaux Baptiste et Johan Krempff ne prennent le relais pour les saisons suivantes. Ils incarnent aujourd'hui encore à tour de rôle le plus jeune de nos Mistraliens.

Le mariage de Luna et Vadim

Date : 14 août 2009

Le pitch : Alors que Vadim épouse Luna, il est victime d'une tentative d'assassinat orchestrée par Gilles.

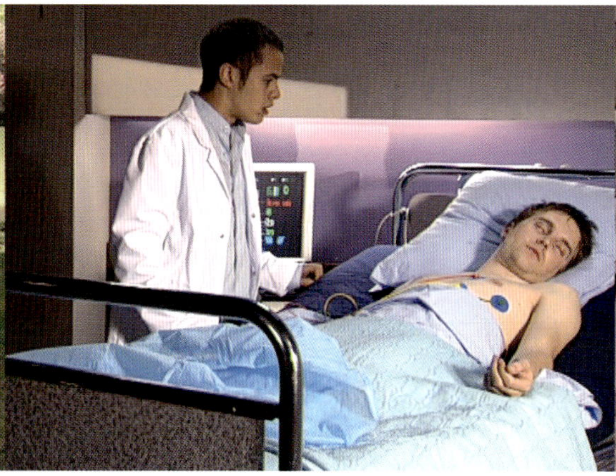

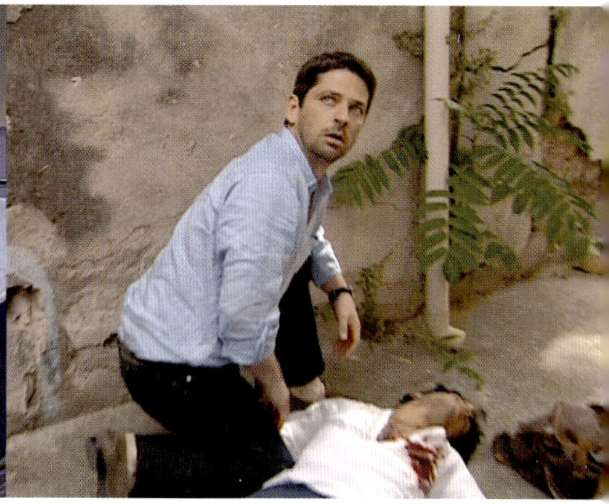

VADIM, HÉROS OU ESCROC

Qui est véritablement Vadim Cazals ? Ce chirurgien cardiaque réputé et vieil ami de Guillaume arrive au Mistral, où il séduit Luna. Leur histoire s'enflamme et Vadim ne tarde pas à demander la jeune femme en mariage. Mais le passé de Vadim comporte des zones d'ombre : il est harcelé par la famille d'une ancienne patiente, Linda, qu'il n'a pas réussi à sauver et qui est plongée dans un état végétatif depuis l'intervention du médecin. Par ailleurs, le Mistral est touché par une vague de meurtres de sans-domicile-fixe, tous tués selon le même mode opératoire : une incision au cœur. Vadim se servirait-il des SDF comme cobayes pour faire avancer ses recherches ? Le commissaire Bergman le pense, soutenu dans cette hypothèse par Joseph Balitran, un spécialiste des questions cardiaques, qui fait le rapprochement entre les méthodes de Vadim et celles du tueur.

LA MENACE CAZALS

Vadim prouve une première fois qu'il est un excellent praticien en sauvant Nathan, atteint d'une grave maladie du cœur, au cours d'une opération de la dernière chance. Rudy, qui doutait de sa bonne foi, change d'avis en comprenant que la découverte scientifique révolutionnaire de Vadim sur les *stents* pourrait faire perdre des millions d'euros à certains laboratoires pharmaceutiques. En remontant cette piste avec Luna, il découvre que Balitran est en

Rien ne semble pouvoir freiner la vengeance de Gilles à l'encontre de Vadim.

Mistraliens concernés : Vadim • Luna • Guillaume • Balitran • Marie • Nathan • Rudy • Gilles

réalité au service de la Sanofac, une entreprise commercialisant du matériel médical, qui aurait beaucoup à perdre avec les avancées de la recherche permises par Vadim. Le fiancé de Luna regagne l'estime de tout le Mistral, et les deux tourtereaux peuvent enfin passer devant le maire. Mirta se prépare au mariage de sa fille, où elle vient accompagnée de Gilles, son nouveau compagnon.

UNE LUNE DE MIEL AU BRÉSIL

Lors de la cérémonie, alors que Luna est sur le point de dire oui à Vadim, Gilles sort un revolver et le pointe sur le marié. Mirta, en essayant de lui arracher son arme des mains, détourne le tir sur Luna, qui s'effondre. Luna est hospitalisée et échappe de peu à la mort. Quant à Gilles, il est arrêté par la police. Il avoue être le grand-père de Linda et avoir été manipulé par Balitran pour supprimer Vadim. Il est incarcéré, mais la police ne peut prouver que Balitran est le meurtrier des SDF et doit donc relâcher ce dernier. Une fois Luna remise sur pied, les jeunes mariés décident de partir vivre quelque temps au Brésil, malgré la déclaration d'amour de Guillaume à Luna pour la retenir.

LE SAVIEZ-VOUS ?

Bienvenue au HMC ! Le sigle signifie habillage-maquillage-coiffure, le passage obligé pour tous les comédiens avant de tourner leurs scènes. Pour les séquences dites normales, c'est-à-dire ne nécessitant aucun extra et qui sont tournées en studio, le HMC dure en moyenne 1 heure 15 pour les femmes et 45 minutes pour les hommes.

Les couples les plus fidèles

1

2

MIRTA ET ROLAND : LA PALME D'OR

Temps passé ensemble : 5 ans, 9 mois et 22 jours

Leur 1re fois : Début de l'été 2004. Au premier jour de diffusion, le 30 août de cette même année, Roland et Mirta vivent un amour clandestin. Le patron de bar veut vivre leur idylle au grand jour alors que Mirta tient au secret, piment du désir.

Quel avenir ? La santé du couple le plus emblématique de la place du Mistral semble au beau fixe, mais de là à leur promettre un avenir toujours paisible, il y a un pas qu'aucun Mistralien n'est prêt à franchir… (Ph. 1)

AGATHE ET LÉO : L'AMOUR AU ET LOIN DU MISTRAL

Temps passé ensemble : 3 ans, 11 mois et 22 jours

Leur 1re fois : 27 juin 2006. Agathe débarque au Mistral poursuivie par son passé de prostituée, son mac et ses clients. Elle tombe amoureuse du capitaine Castelli, mais quel flic pourrait assumer un tel passé ? Léo lui confie qu'il n'y en a qu'un : lui ! Ils s'embrassent et débutent une longue et belle histoire d'amour.

Quel avenir ? Agathe et Léo vivent en Argentine pour veiller au bon rétablissement de Léo après son terrible accident. Reviendront-ils un jour au Mistral ? (Ph. 2)

ESTELLE ET RUDY : UN AMOUR DE JEUNESSE

Temps passé ensemble : 3 ans, 6 mois et 27 jours

Leur 1re fois : 23 novembre 2006. Estelle est presque condamnée par sa maladie. Rudy tente de la convaincre de retourner à l'hôpital, mais elle lui fait comprendre qu'elle n'aspire plus qu'à une chose : vivre ses derniers jours en sa compagnie. Rudy, ému, l'embrasse.

Quel avenir ? La page entre Rudy et Estelle semble définitivement tournée. Les frasques du jeune homme avec Mme Vitreuil ont eu raison de l'amour d'Estelle, et les

3

4

deux ex-fiancés ont depuis refait leur vie : Estelle avec Djawad, et Rudy avec Ninon. Ils ont de nouveau passé une nuit ensemble depuis leur rupture, mais c'était au cours d'une soirée très arrosée, et pareille mésaventure ne semble pas près de se reproduire. (Ph. 3)

BARBARA ET ABDEL : LA FLAMME BRÛLE TOUJOURS

Temps passé ensemble : 3 ans, 5 mois et 9 jours

Leur 1re fois : Sybille craque pour Abdel lorsque l'adolescent arrive en plein milieu de l'année scolaire au lycée Vincent-Scotto. Barbara joue les entremetteuses jusqu'à ce qu'Abdel lui avoue qu'il en aime une autre : elle ! Après que Sybille leur a donné son accord, les deux Mistraliens sortent ensemble.

Quel avenir ? Ils ont beau être jeunes, leur amour semble indestructible, même s'ils ont connu des moments difficiles et une courte rupture. Mais attention : ils n'ont connu aucune autre histoire sérieuse et cela pourrait jouer à terme contre eux. (Ph. 4)

BLANCHE ET FRANCK : UN AMOUR DÉCHIRÉ

Temps passé ensemble : 3 ans et 6 jours

Leur 1re fois : Blanche est d'entrée séduite par Franck, qui fait des travaux chez Roland. Elle découvre que, derrière ses gros bras, se cache aussi un féru de littérature. Après quelques hésitations, Franck cède à ses avances.

Quel avenir ? Depuis leur rencontre, Blanche et Franck ont eu un enfant, Noé. Mais la double vie de Franck a choqué Blanche, d'autant qu'il a mis leur famille en danger. Ils se sont séparés en 2010 et leur histoire semble définitivement appartenir au passé. (Ph. 5)

5

Saison 6
La vie sans frontières

Qui aurait imaginé qu'un jour on retrouverait des Mistraliennes perdues en plein désert marocain ? C'est pourtant ce qui arrive fin 2009, dans un prime tourné pour la première fois hors de nos frontières. Ce moment fort est accompagné d'intrigues qui le sont tout autant : Benoît, en prison, est en pleine déchéance ; Céline retrouve son frère ; Luna perd son mari et, bien évidemment, le couple Samia-Boher se constitue enfin. Seule ombre à cette saison, le départ de Rachel, la doyenne du Mistral. Un an plus tard, son interprète, Colette Renard, nous quittait elle aussi.

saison 6

À la recherche d'un père

Date : 20 octobre 2009

Le pitch : Yvan et sa fille d'un côté, Patricia de l'autre fuient le Mistral sous le regard complice de Florian.

UNE DEUXIÈME FILLE POUR VINCENT ?

Après que Nathan l'a assommée pendant un combat, Michelle, une ancienne élève de Vincent, s'installe à Marseille avec sa fille, Lara. Investie dans plusieurs missions humanitaires, elle a décidé de mettre ses aventures entre parenthèses quelque temps. Vincent soupçonne Michelle de lui avoir caché pendant des années que Lara était sa fille, mais un test ADN négatif le rassure à ce sujet. Les doutes sur la paternité de Lara ne sont pas levés pour autant : la question taraude la jeune fille, qui vit une histoire d'amour avec Raphaël. Lara a un sommeil des plus agités et, au cours d'une crise de somnambulisme, elle écrit inconsciemment un prénom en tchétchène : Milana, sa réelle identité.

Léo ne parvient pas à réconforter Florian, rongé par les remords.

LA FAUTE DE PATRICIA

Pendant ce temps, Patricia, la sœur du juge Florian Estève, présente Yvan – son mari – à son frère. Mais si Patricia a envie de croire à l'amour, ce mariage n'est, pour Yvan, qu'un mariage blanc, comme ils en étaient convenus dès le départ. Il se retrouve malgré lui embarqué dans les embrouilles de Patricia, qui traîne un passé douteux, notamment le braquage d'une pharmacie. Ce grave délit menace d'être révélé au grand jour par Cofinot, son complice de l'époque. Affolée par les provocations de Cofinot, Patricia le tue avec une paire de ciseaux. Yvan cache le corps du défunt pour ne pas alerter la police. En effet, ancien

Mistraliens concernés : Milana • Yvan • Michelle • Ninon • Patricia • Florian • Vincent • Raphaël

membre d'un commando tchétchène, Yvan est venu à Marseille pour régler discrètement certains problèmes personnels.

L'ENQUÊTE DE NINON

Pour cela, il peut compter sur l'aide de Ninon, qui tombe sous son charme après une rencontre musclée. Convertie à sa cause, la journaliste de *La Dépêche marseillaise* fait tout ce qu'elle peut pour l'aider à démasquer le trafic d'adoptions illégales de Michelle Bony et pour retrouver sa fille Milana, enlevée à la naissance par Michelle. Avec succès ! Lara et Yvan tombent dans les bras l'un de l'autre avec beaucoup d'émotion et, au grand regret de Ninon, ils s'exilent au Canada pour vivre enfin leur relation père-fille. De son côté, avant que la police ne remonte la piste, Patricia fuit le Mistral avec la complicité de Florian, qui met ses principes de côté pour sauver sa sœur. Il culpabilisera longtemps, lui qui est un juge intègre.

LE SAVIEZ-VOUS ?

Ninon a fait ses premières piges au quotidien *La Dépêche marseillaise*. Et c'est aussi là qu'Agnès, la mère de Sybille et de Raphaël, a été mutée, ce qui a entraîné la venue des Cassagne à Marseille. Le journal a une place primordiale dans la vie du Mistral, mais existe-t-il vraiment ? Bien sûr que non ! À l'image du quartier du Mistral, *La Dépêche marseillaise* n'est que fiction et n'est nullement un concurrent de *La Provence*, le grand quotidien marseillais.

saison 6

Maxime ou la tentation des extrêmes

Date : 20 novembre 2009

Le pitch : Recherché par la police, Maxime part en cavale à l'étranger.

SONIA ARRÊTÉE !

Alors qu'elle vit un amour sans nuages avec Maxime, Sonia est subjuguée par Pablo, un jeune homme aux convictions fortes, qui l'entraîne dans ses actions militantes au sein du Clash, un mouvement anarchiste. Pour manifester contre l'expulsion de personnes démunies d'un immeuble de Phénicie, le groupe décide de mener une action coup-de-poing, qui tourne au drame : Pablo meurt dans l'explosion d'une bonbonne de gaz volée. Pour protéger Maxime, à qui appartenait le matériel utilisé pour cette action, Sonia s'accuse du vol de la bonbonne de gaz et est envoyée à la prison des Baumettes pour participation à un acte terroriste. Maxime est désemparé.

MAXIME VA AU CLASH

Quelques jours plus tard, Anne Longeron, la nouvelle secrétaire de Phénicie, se fait agresser dans les bureaux de l'entreprise. Maxime est-il le coupable ? En tout cas, le jeune homme le laisse croire afin d'entrer en contact avec la tête pensante du Clash, Guzman. Il lui prouve ainsi sa motivation à rejoindre son groupuscule et sollicite son aide pour libérer Sonia. Guzman accepte de l'engager dans la lutte armée à condition qu'il l'accompagne dans différents braquages pour renflouer le Clash. Maxime s'enfonce alors dans une spirale de violence jusqu'à tirer sur Vincent. Les conséquences sont terribles pour ceux qui l'entourent : Sonia, à bout, fait une tentative de

Derniers moments d'intimité avant que Maxime ne quitte Sonia pour fuir en Amérique latine.

Mistraliens concernés : Maxime • Sonia • Agathe • Pablo • Guzman • Anne • Léo • Vincent

suicide, et Agathe, sa mère, est empoisonnée dans d'étranges circonstances.

LA PRISON OU LA FUITE

Au final, Vincent n'est que blessé par le tir de Maxime. L'enquête menée par Léo autour des actes violents qui se déroulent à Marseille conduit curieusement à Anne, qui avoue être le cerveau du Clash et avoir voulu se venger sur Maxime, sur ses proches et sur Vincent Chaumette de la mort de son ancien amant, Pablo. Elle est transférée aux Baumettes et Sonia est relâchée. Après la découverte du pistolet portant ses empreintes et dont il s'est servi pour tirer sur Vincent, Maxime part en cavale pour échapper à la justice. Agathe, partagée par son amour pour les deux hommes de sa vie, choisit de suivre son fils et laisse Léo, son compagnon, meurtri.

LE SAVIEZ-VOUS ?

Plus belle la communauté sur Facebook ! Avec 1 million de fans, la page officielle *Plus belle la vie* est devenue au fil des ans un formidable espace d'échanges sur le Net. Depuis novembre 2012, la page s'est enrichie d'un jeu d'objets cachés riche et surprenant ! Il offre aux fans une immersion totale dans leur univers préféré, leur permettant de découvrir les coulisses et secrets de tournage du feuilleton.

La chute de Benoît

Date : 26 novembre 2009

Le pitch : Accusé à tort du viol de Morgane, Benoît est emprisonné. C'est le début d'un cauchemar.

LES PORTES DU PÉNITENCIER

Désemparé par sa séparation d'avec Ninon, Benoît commet l'irréparable en couchant avec Morgane, l'une des adolescentes dont il s'occupe au foyer. Un soir, celle-ci arrive au commissariat en état de choc, elle déclare avoir été violée et accuse Benoît, après qu'il l'a rejetée. Celui-ci est placé en détention provisoire dans le cadre de l'enquête sur les viols en série ayant lieu dans la région. Faute d'alibi, il est envoyé en prison et va vivre l'enfer que les détenus font subir à un inculpé pour viol.

Benoît prend ses marques dans sa cellule.
Le pire est à venir...

MÉLANIE EN SAUVETEUSE

Benoît est contraint de partager sa cellule avec JP, un homme violent. Menaces, blessures physiques et morales, rien ne lui est épargné. À sa sortie de prison, JP décide de s'installer chez les Cassagne en faisant croire à Raphaël et à Sybille que leur père lui a demandé de s'occuper d'eux. Mais la situation tourne mal quand il les oblige à dealer en les menaçant de faire assassiner leur père s'ils ne coopèrent pas. Heureusement, avec l'aide de Mélanie, très présente pour Benoît durant son emprisonnement, ils arrivent à s'extirper des griffes de JP. Le cauchemar n'est pas fini pour autant ! Benoît partage désormais sa cellule avec Eddy, un homme très étrange, arrêté pour conduite en état d'ivresse. En le faisant parler, Benoît comprend qu'il est le violeur du Mistral.

Mistraliens concernés : Benoît • Ninon • Mélanie • Raphaël • Sybille • Morgane • JP • Eddy

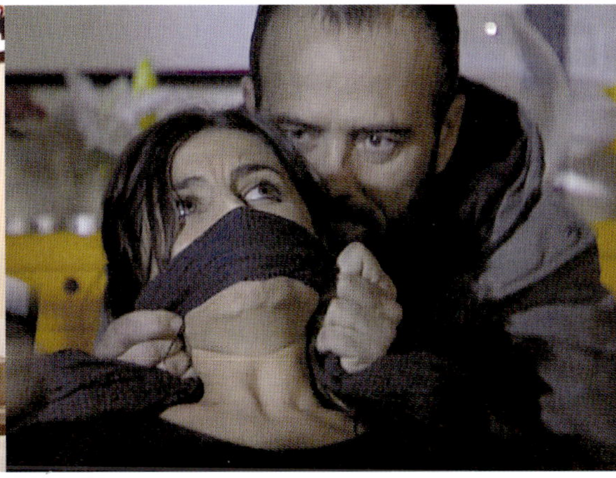

UNE VIE DÉTRUITE

Benoît tente de faire justice lui-même, mais il est envoyé au mitard. Sa peine purgée, Eddy compte rôder au Mistral pour s'en prendre aux proches de Benoît. Benoît prévient Mélanie, qui décide de servir d'appât pour coincer le violeur. Son plan fonctionne : alors qu'Eddy tente d'agresser la jeune femme, il est interrompu par Ninon, qui prévient la police. Morgane revient alors sur ses accusations en désignant Eddy comme son violeur, et permet à Benoît d'être libéré. Mais le mal est fait. Même s'il pardonne à Morgane, jeune fille paumée, le père de Raphaël et Sybille ressort de cette expérience anéanti socialement et professionnellement. Son seul rayon de soleil ? Mélanie, qu'il choisit, malgré les velléités de retour de Ninon.

LE SAVIEZ-VOUS ?

Avant d'être emprisonné, Benoît a eu le plaisir de rencontrer une championne à la terrasse du bar de Roland. En effet, Justine Hénin, la joueuse de tennis belge, a fait une apparition remarquée dans le feuilleton en mai 2009 : un petit clin d'œil pour rendre hommage aux nombreux fans belges de la série et pour surprendre Roland, qui n'a pas l'habitude de servir une numéro 1 mondiale de tennis, lauréate de sept victoires en grand chelem, dont quatre à Roland-Garros !

Les filles du désert

15 décembre 2009

Bonnes vacances !
Johanna a gagné des places pour un séjour au Maroc et a offert son voyage à Blanche. Celle-ci part donc pour Agadir, en compagnie de Mirta et de Mélanie. Céline se joint au trio, soi-disant pour faire du tourisme, mais en réalité pour surveiller les activités d'Hicham Assoudi, entrepreneur marocain avec qui elle a eu une brève liaison quelques semaines auparavant. Celui-ci fait en effet des affaires douteuses avec Vincent, et Céline veut en savoir plus sur leurs magouilles.

Du paradis à l'enfer

Les quatre femmes acceptent une virée dans le désert marocain avec Hicham, mais l'escapade paradisiaque tourne au cauchemar quand les Mistraliennes découvrent Hicham assassiné au fond d'un puits. Au Mistral, Ninon comprend que le séduisant Marocain était au centre d'un trafic d'antiquités qu'il voulait écouler en Europe, et que les vacancières sont maintenant en grand danger. Du Mistral, elle donne l'alerte. Perdues dans le désert, Céline, Mélanie, Mirta et Blanche sont livrées à elles-mêmes : les forces commencent à manquer et elles sont au bord de la déshydratation. C'est alors qu'elles se rendent compte qu'elles sont pistées.

La solution dans la bible

Il leur reste néanmoins suffisamment de force pour tendre un piège à Frédéric, l'homme qui les suit. Les femmes le ligotent malgré les protestations de Frédéric, qui leur jure qu'il ne leur veut aucun mal. Pendant que Blanche et Mirta partent chercher de l'aide, Mélanie et Céline le surveillent. Plus tard, Frédéric arrive à se libérer et retourne la situation à son avantage en attachant à son tour Mélanie et Céline. Il part à la recherche de Mirta, qui détient sans le savoir dans sa bible des documents prouvant qu'il a détourné des fonds appartenant au gouvernement marocain. Frédéric met la main sur les précieux documents, mais les Mistraliennes arrivent à lui échapper et, finalement, maîtrisent le bandit au moment où la police et Nathan, animateur dans l'hôtel où elles résident, arrivent pour leur prêter main-forte.

Les origines de Marie

Date : 5 février 2010

Le pitch : La mort d'un homme appartenant à la communauté gitane sème le trouble au sein du quartier.

UN CAMPEMENT AU MISTRAL

Un groupe de Gitans vient s'installer à proximité du Mistral sur un terrain appartenant à Phénicie. Vincent décide de demander lui-même aux Gitans de quitter les lieux, mais ni Stella, la mère du clan, ni Angelo, le futur chef du groupe, ne semblent décidés à se laisser faire. La police intervient à son tour, et en particulier Jean-Paul, qui nourrit une rancune tenace envers Angelo et Stella car ceux-ci ont provoqué le départ et l'avortement d'Armelle, sa compagne. Le ton monte entre Angelo et Jean-Paul, qui, fou de rage, menace le Gitan de mort. Hélas, Angelo est retrouvé poignardé quelques instants plus tard…

Les Gitans plantent leur campement sur un terrain de Phénicie. Vincent ne l'entend pas de cette oreille.

LE MAUVAIS ŒIL SUR GUILLAUME

Vincent est d'abord mis en cause puis relâché, faute de preuves. Johnny, le nouvel amoureux de Sybille, promu chef du clan, est lui aussi suspecté d'avoir voulu se débarrasser de son rival. Quant à Jean-Paul Boher, il avoue à Samia s'être battu avec Angelo mais nie le meurtre. Samia le croit et mène l'enquête pour retrouver l'assassin et sauver Jean-Paul, dans la ligne de mire du commandant Marie Bergman, la fiancée de Guillaume. Vincent en profite également pour semer le trouble au Mistral. Il demande à Djawad de commettre des vols qui seront imputés aux Gitans. La vindicte populaire s'abat sur leur camp. Poussée à bout, Stella fait un malaise et est emmenée à l'hôpital contre son gré par Guillaume. Elle décide alors de

Mistraliens concernés : Guillaume • Marie • Stella • Angelo • Johnny • Boher • Vincent • Samia

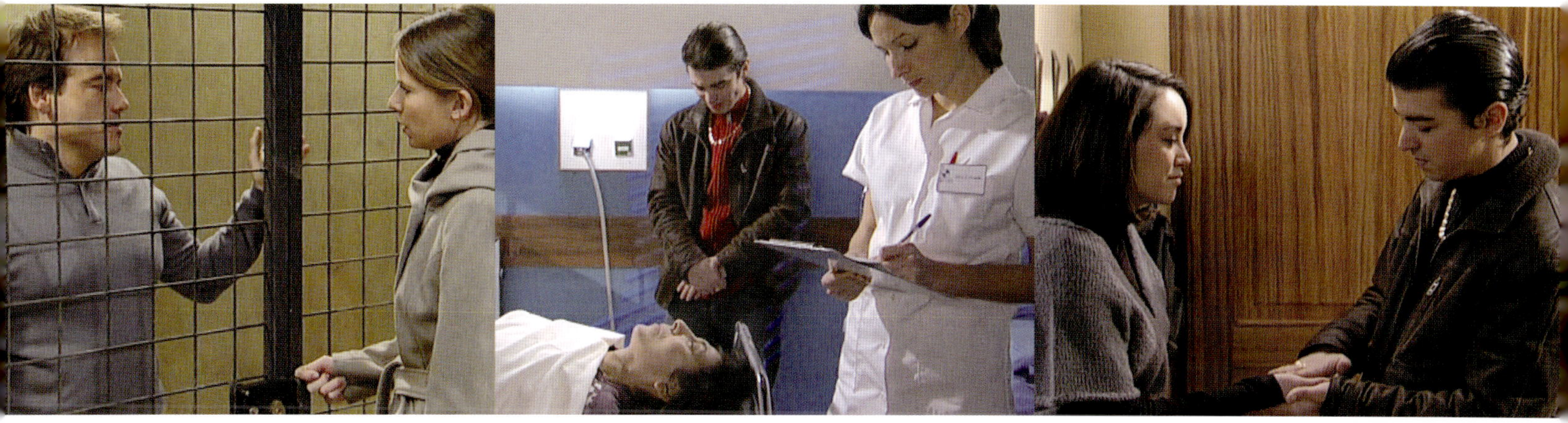

lui jeter un sort, d'autant qu'elle ne supporte pas la liaison de celui-ci… avec sa fille.

LES GITANS DÉCAMPENT

En effet, Marie est la fille de Stella. Une dizaine d'années auparavant, elle avait coupé les ponts avec sa famille alors qu'elle était promise à Angelo, futur époux qui la martyrisait. Stella décède après s'être accusée du meurtre d'Angelo pour disculper sa fille. Mais, plus tard, Marie confie à Guillaume que c'est elle qui a tué Angelo car, en la revoyant, il a tenté de la violer. Ce secret a raison de leur couple. Marie quitte le Mistral, tout comme le groupe de Gitans, dont Johnny, qui, malgré son amour pour Sybille, ne peut se résoudre à sortir avec une *gadji*.

LE SAVIEZ-VOUS ?

Boher est-il papa ? La question mérite d'être posée puisque Armelle, l'ex-compagne de Jean-Paul, a quitté le Mistral enceinte du policier en lui faisant croire qu'elle avait avorté. Armelle est-elle allée au bout de sa grossesse ? Jean-Paul l'apprendra-t-il un jour ? Peut-être…

Samia et Boher sautent le pas

Date : 14 mai 2010

Le pitch : Au cours d'une planque, Samia et Jean-Paul cèdent à l'attirance qu'ils éprouvent l'un pour l'autre.

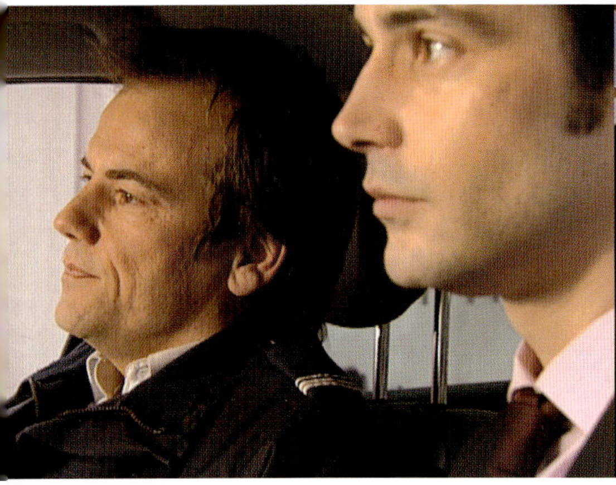

LES PRÉMICES D'UNE IDYLLE

Je t'aime, moi non plus… Le jeu du chat et de la souris aura duré plus de deux ans entre Samia et Jean-Paul. D'abord hostiles l'un envers l'autre, les deux flics ont peu à peu tissé des liens au commissariat du Mistral. Mais c'est l'affaire de la Flèche blanche qui servira d'accélérateur. À la demande du juge Estève, Boher infiltre ce groupuscule d'extrême droite encore très actif à Marseille et qui s'en prend à Ahmed, le père de Samia, ainsi qu'à Yanis, son petit ami. Samia ne comprend pas le comportement du brigadier Boher, pour qui elle commençait à avoir de l'estime. Pour elle, plus aucun doute : c'est un facho ! Samia est, de plus, en deuil de Yanis, abattu au cours de cette affaire. Boher n'a pas d'autre choix que de garder le silence.

UN ATTENTAT DÉJOUÉ

La Flèche blanche démantelée, Jean-Paul avoue à Samia avoir infiltré ce groupe extrémiste. Grâce à son action, un attentat terroriste a été déjoué, et Elvire, un agent secret corrompu, a été mis hors d'état de nuire. Jean-Paul tente de se réconcilier avec Samia, mais la jeune femme, marquée par cette affaire, souhaite changer de vie et retourner en Algérie. Ahmed, fier du parcours de sa fille en France, demande à Jean-Paul de la retenir. Le brigadier prend Ahmed au pied de la lettre en plaçant Samia en garde à vue pour lui éviter de commettre

Un premier baiser mémorable dans l'histoire du feuilleton !

Mistraliens concernés : Samia • Boher • Ahmed • Elvire • Florian • Yanis

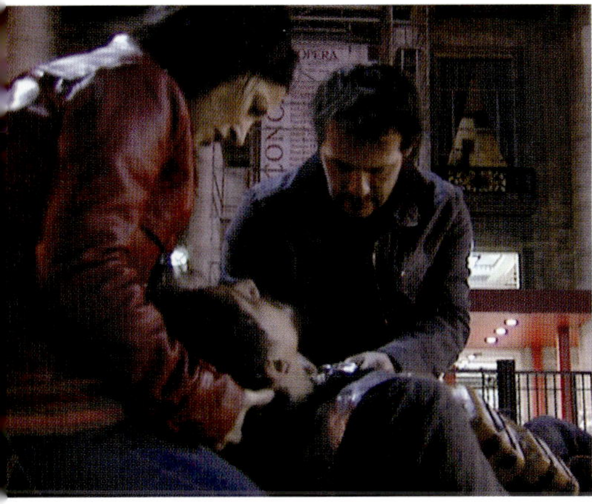

ce qui, selon lui, serait une grosse erreur. La colère passée, Samia se rend à l'évidence : Jean-Paul a raison, sa vie est au Mistral, à ses côtés !

UN MARIAGE ET UN BÉBÉ

Au cours d'une planque, les deux policiers cèdent au désir et débutent une belle histoire d'amour. Jamais le Mistral n'aura autant attendu l'union d'un couple, de deux personnalités aussi fortes qu'attachantes. Les amoureux mettent de la vie au Mistral et au commissariat. Un an après leur première fois, ils passeront devant le maire et, en janvier 2013, Samia donnera naissance à une jolie petite fille.

LE SAVIEZ-VOUS ?

Une dizaine de pays ont acquis les droits de *Plus belle la vie* pour diffuser les aventures de nos héros mistraliens : Italie, Finlande, Roumanie, Serbie, Canada, Tunisie, Géorgie, etc. À noter que nos amis suisses et belges suivent les épisodes respectivement sur la RTS et La Deux avec quelques jours d'avance par rapport à nous, ce qui rend jaloux plus d'un fan français ! Par ailleurs, TV5Monde retransmet le feuilleton partout dans le monde.

Le retour de Julien

Date : 6 mai 2010

Le pitch : Thibaud appelle Céline « Boucle d'or ». Elle comprend alors que c'est son frère.

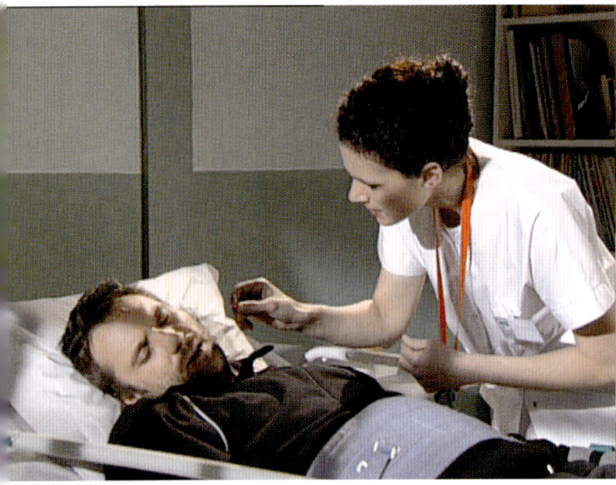

LES LIENS DU SANG

Adriana, infirmière dans la clinique psychiatrique du docteur Louvain, suit de près le patient Thibaud Froissard. Interné depuis seize ans pour avoir violemment battu une femme, l'homme n'a aucun souvenir de cette agression. Il est vrai que Thibaud a du mal à discerner le réel de l'imaginaire car il est constamment sous l'emprise de médicaments. Intriguée par la façon dont le professeur Louvain le suit, Adriana a des doutes sur son identité. Elle décide d'enquêter. Entre-temps, Thibaud s'échappe de la clinique pour retrouver Céline et Charles, qui hantent ses rêves. Thibaud gagne le Mistral et se lie d'amitié avec Céline, avec qui il a d'emblée une relation fusionnelle. La raison est simple : Thibaud n'est autre que Julien, le frère de Céline, prétendument mort noyé et que Frémont a toujours pris soin de cacher.

Céline et Julien se retrouvent et tentent de rattraper le temps perdu.

LE SECRET DE CHARLES

Effrayé a l'idée que Julien ne retrouve la mémoire, Charles insiste auprès de Louvain pour qu'il lobotomise son fils. Mais Céline devine que Julien est son frère et contrecarre les plans de son père. Elle l'oblige à s'expliquer : si Charles a toujours caché Julien, c'est pour que Carlo Manzoni, un dangereux mafieux, ne s'en prenne pas à lui. En effet, ce n'est pas Julien qui est mort noyé mais Anthony, le fils de Manzoni, que Julien a tué accidentellement lorsqu'il était enfant. Frémont a alors fait croire à la

Mistraliens concernés : Julien • Céline • Charles • Louvain • Adriana • Carlo • Stéphane

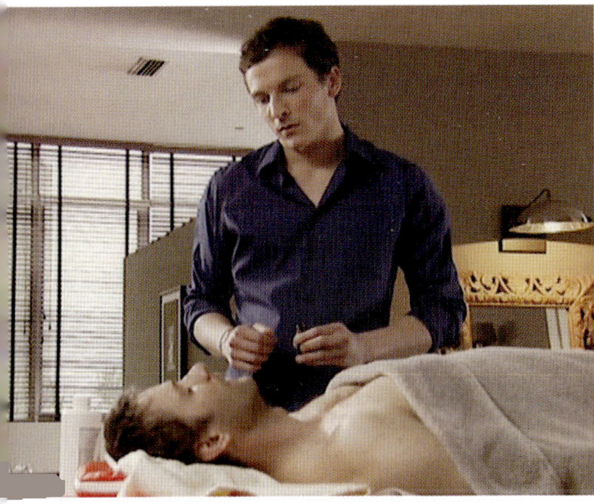

mort de Julien – que Carlo avait commanditée pour se venger – et l'a caché sous l'identité de Thibaud. Charles s'inquiète maintenant à l'idée que cette vérité éclate.

LA VENGEANCE DE L'AUTRE FRÈRE

Pour soulager et apaiser Julien, Stéphane, acupuncteur, lui propose des séances de relaxation. Il est en réalité le frère d'Anthony, avide de vengeance, et veut pourrir la vie des Frémont, comme Julien a détruit celle de sa famille ! Stéphane drogue Julien et lui ordonne de tuer sa sœur. Sur la plage de leur enfance, Julien tente d'étrangler Céline. Il prétend qu'elle doit mourir car elle aurait tout manigancé pour être fille unique. Céline parvient à le convaincre de son amour et, déstabilisé, Julien tente de mettre fin à ses jours en se jetant à l'eau. Frémont arrive sur la plage et trouve Julien dans les bras de Céline, qui a surmonté sa phobie de l'eau pour sauver son frère. Stéphane est arrêté et Julien, trop fragile psychologiquement, retourne en clinique.

LE SAVIEZ-VOUS ?

Plus belle la vie a accueilli dans ses rangs Meg Ryan, Morgan Freeman et le *mentalist* Simon Baker… ou plus exactement leurs voix françaises ! Virginie Ledieu (Agnès Cassagne), Benoît Allemane (René Cassagne) ou Thierry Ragueneau (François Marci) sont également connus pour avoir respectivement doublé ces stars américaines. Coup double pour Thierry, qui prête aussi sa voix au rat du dessin animé *Ratatouille* !

Cavale au Mistral

1er juillet 2010

Jeudi noir à la Banque provençale. Alors que Guillaume, Wanda et Nathan font la queue au guichet pour régler leurs petits différends financiers, deux individus masqués surgissent dans le hall et somment clients et personnel de se coucher par terre. Blanche, arrivée quelques minutes plus tard pour rejoindre sa mère, se retrouve à son tour avec un pistolet sur la tempe. Le hold-up du Mistral peut commencer !

Guillaume, preneur d'otages ?

L'un des deux voyous prend Guillaume avec lui pour sortir de la banque en le faisant passer pour le braqueur. Dehors, Léo et Jean-Paul, sous les ordres de la nouvelle commissaire Douala, fraîchement arrivée au commissariat du Mistral, prennent les choses en main. Mais Boher, maladroit, tire une balle sur le supposé otage – en réalité le vrai braqueur. Toujours sous la menace du malfrat, qui cache une arme sous son imperméable, Guillaume l'emmène dans une clinique vétérinaire pour le soigner, en compagnie de Wanda. Les deux Mistraliens comprennent alors que le pauvre type a tenté ce hold-up pour pouvoir donner de l'argent à sa fille, et se laissent attendrir par son humanité. Cela ne les empêche pas de chercher à récupérer son butin : un sac de diamants.

Tout est bien qui finit bien.

Entre-temps, l'autre braqueur a compris qu'il s'était fait doubler et retient Nathan en otage en attendant que Guillaume vienne lui livrer sa part du magot. Guillaume et Wanda cherchent désespérément les diamants jusqu'à ce que Djawad, comprenant que Nathan est en danger, remette au duo le butin qu'il avait réussi à détourner. Guillaume se rend au lieu de rendez-vous. Au moment de l'échange, Boher tombe sur eux et maîtrise le braqueur en pensant qu'il veut voler Pépette, sa voiture, à laquelle il tient comme à la prunelle de ses yeux. Il retrouve par hasard les diamants, ce qui lui vaut les félicitations de sa hiérarchie. Djawad, Guillaume et Wanda se réjouissent de la fin heureuse de cette aventure… d'autant plus qu'ils ont gardé quelques diamants dans leurs poches !

Le squelette de la cave du Select

Date : 17 juin 2010

Le pitch : La découverte d'un squelette dans une cave du Select fait remonter une vieille histoire à la surface.

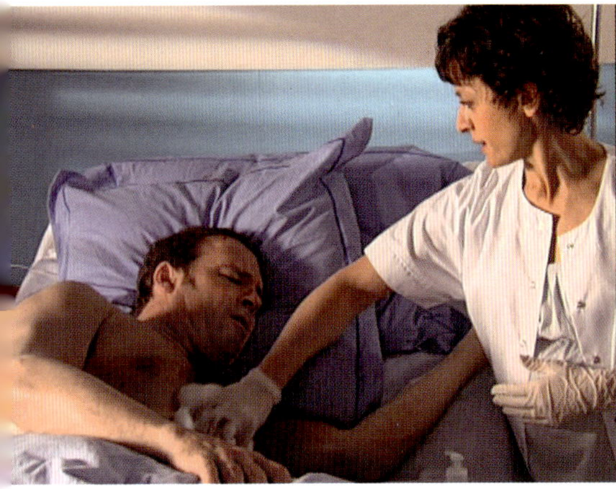

ROLAND A UNE SŒUR !

Vincent délocalise une entreprise appartenant à Phénicie et provoque le suicide de l'un des employés. Il maltraite une aide-soignante enceinte, Louise, qui n'est autre que la femme du défunt. Ninon le met face à ce qu'il est devenu : un monstre ! Vincent culpabilise et décide de changer. C'est alors qu'il se retrouve coincé avec Agathe dans l'une des caves du Select, à cause d'un éboulement. Ils découvrent alors un squelette ! Ce dernier détient dans sa poche une lettre datée de 1985. C'est un message d'amour d'une femme délaissée pour une autre et s'adressant à un certain Hervé, l'ancien beau-frère de Roland. La réapparition de ce corps entraîne le retour de Corinne, la sœur de Roland, et de Cédric, le fils qu'elle a eu avec Hervé.

LE PACTE DE CORINNE ET ANÉMONE

Face au mal-être de Cédric, qui a grandi sans son père, Roland culpabilise et se confie à Mirta : à l'époque où Corinne était enceinte de Cédric, il a assisté à une terrible dispute entre Hervé et sa sœur. Hervé a menacé Corinne avec un couteau, et Roland, en voulant les séparer, a retourné le couteau contre son beau-frère et l'a tué accidentellement. Découvrant ce secret, Cédric décide de venger son père et kidnappe Roland, menaçant de l'enterrer vivant. Heureusement, Corinne les retrouve avant qu'il ne commette l'irréparable et rétablit la vérité : le coup

Piégés par un éboulement, Vincent et Agathe se rapprochent et cèdent bientôt à leur attirance.

Mistraliens concernés : Vincent • Agathe • Léo • Roland • Ninon • Corinne • Anémone • Louise

de couteau de Roland n'avait pas tué Hervé. C'est elle et Anémone – toutes deux folles amoureuses d'Hervé – qui se sont entendues pour l'achever et mettre fin à leurs souffrances de femmes bafouées, puis ont dissimulé son corps dans la cave.

QUI EN VEUT À CORINNE ?

Cédric relâche alors Roland. Est-ce la fin du drame ? Non, Roland retrouve Corinne assassinée d'un coup de couteau dans son bar. Les empreintes relevées sur l'arme du crime sont celles de... Vincent ! Léo le place en garde à vue et enquête en parallèle sur ses ennemis potentiels. Il remonte la piste jusqu'à Louise. L'aide-soignante, qui a fait une fausse couche après le décès de son mari, tient le père de Ninon pour responsable de son malheur et veut se venger en l'envoyant en prison pour un crime qu'il n'a pas commis. Elle tente également d'empoisonner Ninon. Heureusement, Léo arrive à temps pour sauver la jeune fille et arrêter Louise.

LE SAVIEZ-VOUS ?

C'est au cours de l'intrigue sur le squelette du Mistral que le feuilleton passe le cap symbolique des 1500 épisodes. Après Nathan qui tombe d'une falaise au 500e, Benoît, qui apprend l'implication de Charles dans la disparition de sa mère au 1000e, c'est Roland qui a les honneurs du cliff de cet épisode spécial, où il retrouve sa petite sœur Corinne.

La secte de Denilson

Date : 23 juillet 2010

Le pitch : Un étrange pasteur prétend avoir sauvé Luna de la mort et étend son emprise sur le Mistral.

DRAME AU BRÉSIL

Alors que Nathan doit se rendre au Brésil en vacances chez Vadim et Luna, Guillaume s'inquiète de ne pas avoir reçu de leurs nouvelles. Il réussit finalement à joindre Vadim, qui lui annonce qu'ils ont eu un accident. Guillaume décide de se rendre au Brésil. À l'hôpital, on lui apprend la mort clinique de Luna. Au même moment, celle-ci entre au Select bien vivante, accompagnée de Denilson, un étrange pasteur qui a fondé sa propre église : La Lumière du Divin. Grâce à ses prières, Denilson aurait sauvé la vie de Luna. Du coup, Vadim veut lui léguer une partie de sa fortune. Luna, qui commence à soupçonner Denilson d'escroquerie, refuse et s'oppose à son mari. Vadim demande le divorce.

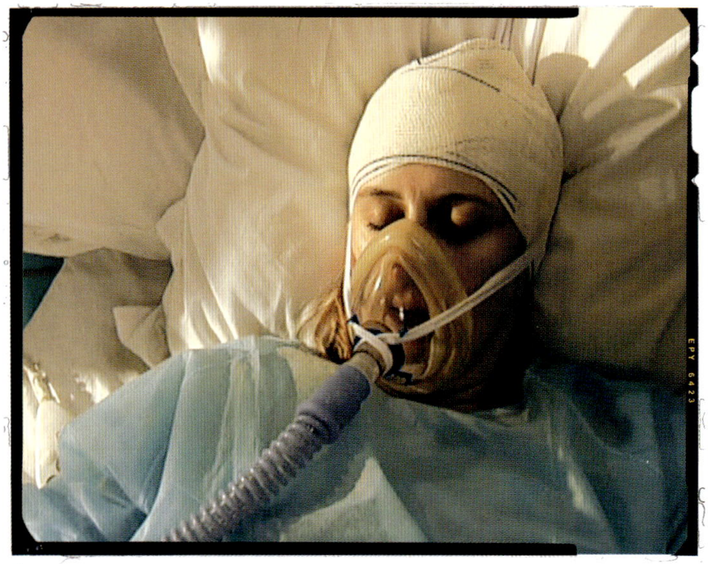

État critique pour Luna dans un hôpital brésilien après son accident de voiture.

LES VISIONS DE LUNA

Très perturbée par cette affaire, Luna se met à avoir des visions terrifiantes et devient violente avec son entourage. Elle est emmenée de force en hôpital psychiatrique. De son côté, Denilson continue à étendre son emprise. Après Sandra, la fiancée de Rudy, qui ne jure que par lui, c'est au tour d'Alix de succomber et d'entrer dans la secte. Cependant, Vadim commence à se méfier du pasteur, d'autant que Guillaume souhaite le voir pour lui montrer des dossiers compromettants. Mais lorsqu'il se présente au rendez-vous, Guillaume a un malaise. Quand il se réveille, Vadim est dans ses bras, en sang, assassiné,

Mistraliens concernés : Luna • Guillaume • Vadim • Denilson • Sandra • Alix • Ninon • Ermeline

comme dans la vision qu'a eue Luna. Denilson a encore frappé !

SANDRA LÂCHE DENILSON

Après la mort d'un collègue qui enquêtait sur la secte, Ninon reprend l'investigation et rencontre Ermeline, une rescapée. Cette dernière prévient Alix de la dangerosité de Denilson, et la convainc de l'aider à faire tomber le terrible gourou. L'étau se resserre sur l'homme, qui doit fuir le Mistral. Afin d'être totalement disculpé, il demande à Sandra de s'accuser des meurtres qu'il a commis. Folle amoureuse de lui, Sandra accepte, et l'horizon s'éclaircit une nouvelle fois pour Denilson. C'est compter sans Alix, qui rend visite à Sandra en cellule et lui fait croire qu'elle est sur le point de s'envoler avec Denilson pour vivre leur amour. Folle de jalousie, Sandra dénonce alors le gourou, qui la rejoint derrière les barreaux.

LE SAVIEZ-VOUS ?

La famille est au centre de nombreuses intrigues du feuilleton et, pour certains comédiens, elle revêt un caractère particulier puisqu'ils sont parfois amenés à croiser une personne ayant un lien de parenté avec eux dans la vraie vie ! C'est le cas pour Aurélie (Ninon) et Thibaud Vaneck (Nathan), frère et sœur; pour Marion Game (Andrée Boher) et Virginie Ledieu (Agnès Revel), mère et fille; ou encore Coline (Sybille) et Pasquale d'Inca (Norbert), père et fille. Une vraie série familiale !

Tante Rachel s'en est allée

Rachel était la doyenne du Mistral, Colette la marraine du feuilleton. Retour sur leurs destins forcément liés.

Tante Rachel, une doyenne au grand cœur

Un caractère affirmé, une pointe de malice et un cœur immense. Sa force de caractère, tante Rachel la puise dans son histoire personnelle: juive, la plupart de ses proches sont morts en déportation pendant la Seconde Guerre mondiale. Elle-même a échappé de justesse aux camps de concentration nazis grâce au père de Roland, qui l'a cachée. Communiste convaincue, puis déçue, elle perd ensuite son mari, Albert Lévy, et se trouve bien seule au Mistral, même si tous les habitants du quartier lui vouent un grand respect. C'est avec une joie non dissimulée qu'elle retrouve alors en 2005 Guillaume, son neveu, et Nathan, qu'elle gâtera comme une vraie mamie. Avec cette nouvelle famille, Rachel devient tante Rachel et s'offre une vie rythmée par les frasques de ses neveux. Mais Nathan grandit et cherche à s'émanciper de sa famille. Il décroche un emploi en Martinique, et ment à Rachel sur ses intentions et sa destination. Rachel découvre le pot aux roses avec une certaine déception. Au final, elle s'envole en Martinique le 11 septembre 2009 afin de garder un œil sur lui. Son dernier pied de nez! Rachel restera finalement dans une maison de retraite sous le soleil des Antilles. Le Mistral n'aura plus jamais la chance de revoir son sourire.

Colette Renard, une carrière exemplaire

Colette Renard était une star. Elle était l'une de ces artistes que l'on ne peut dissocier d'un rôle, en l'occurrence *Irma la douce*, une comédie musicale commencée en 1956 et qui baissera définitivement son rideau presque un millier de représentations plus tard. Elle affolait les chiffres avec ses 900 titres enregistrés sur

52 albums, des dizaines de passage à l'Olympia ou à Bobino et des distinctions à n'en plus finir. Elle faisait partie des rares artistes françaises célèbres à l'étranger, du Japon à l'Égypte en passant par le Viêtnam sous les bombes ou l'URSS en pleine guerre froide, où Colette avait rencontré un immense succès. Elle avait côtoyé les plus grands en partageant la scène avec Georges Brassens, ou encore Yves Montand à l'affiche du film *IP5*. Elle était l'une de ces artistes dont l'œuvre ne vieillit pas, et dont les chansons coquines des *Nuits d'une demoiselle*, révolutionnaires pour l'époque, sont encore interprétées par les chanteuses les plus en vogue (Arielle Dombasle et Clotilde Courau ces dernières années) dans le Paris branché (Crazy Horse). Colette Renard nous a quittés le 6 octobre 2010, quelques jours avant de souffler ses 86 bougies.

Saison 7
La saison de toutes les folies

Les moments émouvants se succèdent au cours de cette saison. La mort du juge Estève laisse une fêlure dans le cœur de Thomas, des Mistraliens et de millions de téléspectateurs attachés à ce personnage. À son meurtre, viennent s'ajouter la trahison de Blanche, qui a une aventure avec son gendre, et l'arrivée d'une croqueuse d'hommes, Ève, qui révolutionne les mœurs du Mistral. Tragiques, dérangeants, exaspérants, ces événements et leurs répercussions s'inscrivent dans la mémoire du feuilleton.

La mort du juge Estève

Date : 29 octobre 2010

Le pitch : Romain poignarde Florian, qui succombe à ses blessures.

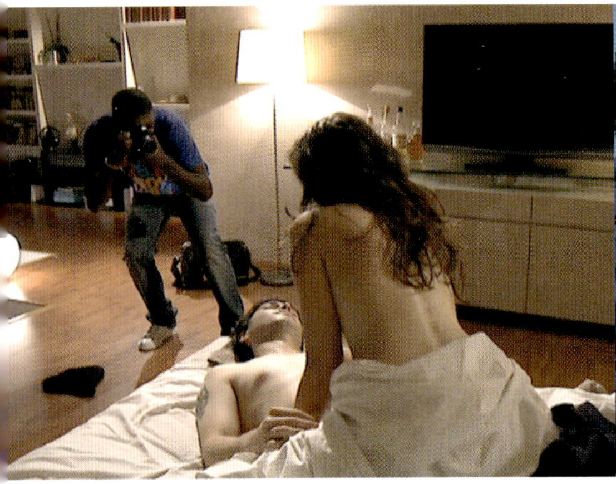

UNE AGENCE TRÈS SPÉCIALE

Blanche revient de ses vacances en Écosse avec un amant, Sébastien. Le neveu de Sébastien, Romain, 17 ans, les rejoint au Mistral et se lie d'amitié avec Sybille, Abdel et les autres jeunes Mistraliens friands de *Skins parties*, des fêtes étudiantes durant lesquelles tout est permis. Parallèlement, Djawad décide de créer avec Wanda l'agence Fideleoupas.com, qui teste la fidélité des couples en leur envoyant des « tentateurs ». Paul, un important homme d'affaires, les contacte pour vérifier si son futur gendre, Clément, est fidèle à sa fille. Djawad engage alors Asia, une tentatrice professionnelle, qui réussit à se prendre en photo avec Clément dans une posture compromettante. Deux jours plus tard, Djawad retrouve le jeune homme assassiné.

L'AMOUR À LA FOLIE

La police remonte la piste de Fideleoupas.com et comprend que Clément a été piégé. Djawad est accusé du crime... à tort ! Le coupable est en fait Romain, le petit ami de Clément, avec qui il avait une liaison cachée. En découvrant ses photos avec Asia, Romain, aveuglé par la jalousie, l'a tué dans un geste de démence. Depuis, Romain est tombé follement amoureux de Thomas, qui vient de se séparer de Florian. Ils vivent un début d'idylle lorsque Romain l'enlève et le retient en otage sur le bateau de son oncle de peur que Thomas ne retourne avec

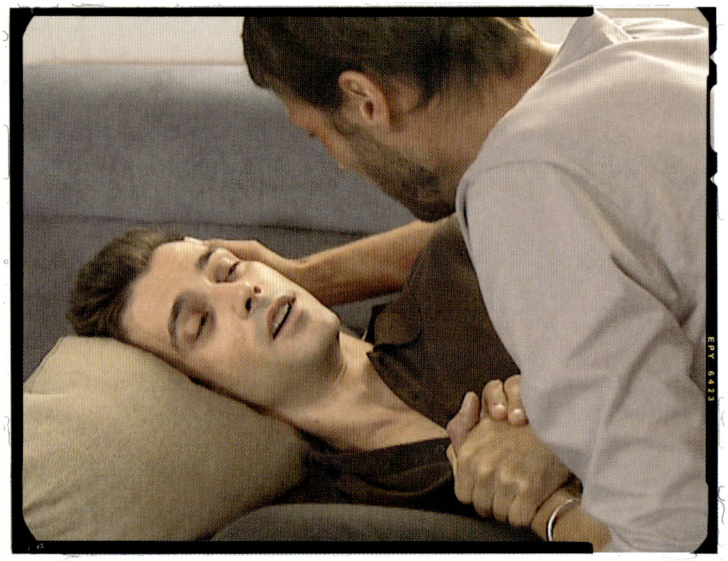

Florian demande à Thomas de veiller sur sa fille Élodie. Ce sera son dernier souhait.

Mistraliens concernés : Florian • Thomas • Romain • Djawad • Sébastien • Blanche • Asia

Florian. Romain veut fuir en Uruguay, où ils pourront vivre leur amour. Thomas ne sait plus comment arrêter la folie du jeune homme.

LE DRAME

De son côté, Florian a un mauvais pressentiment. Grâce à Blanche, il retrouve le bateau où Thomas est retenu prisonnier et part à son secours. Hélas, il est blessé au dos par Romain en libérant Thomas. Les secours n'y pourront rien, Florian décède à l'hôpital le 2 novembre 2010.

LE SAVIEZ-VOUS ?

Curieusement, bien que *Plus belle la vie* se déroule au bord de la Grande Bleue, il n'y a que très peu de séquences réalisées en mer. Tourner sur un bateau impose de nombreuses contraintes techniques, et le rythme de tournage ne permet pas ce genre d'expérience. Malgré tout, on se souvient de Christelle, la nièce de Charlotte, qui quitte le Mistral sur un voilier, de Nathan, qui rencontre Léa sur un bateau de croisière, et bien sûr du juge Estève, qui est poignardé sur le bateau de plaisance de l'oncle de Romain.

La veuve noire

Date : 7 décembre 2010

Le pitch : Céline tombe amoureuse d'une jeune femme nommée Myriam.

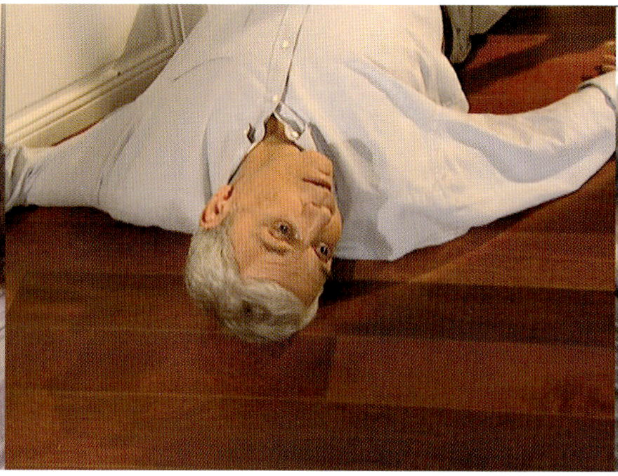

AMOUR VÉRITABLE OU D'INTÉRÊT ?

Mirta tombe des nues ! Rosy, une de ses bonnes amies de la paroisse, lui apprend son divorce : son mari, Gérard, veut se remarier avec Myriam, une femme beaucoup plus jeune qu'elle. Sous l'impulsion de Mirta, Rosy tente de se battre pour récupérer son époux, mais rien n'y fait. Le pire est même à venir ! Quelques jours plus tard, Gérard est retrouvé mort. Rosy est persuadée que Myriam a fait le coup pour récupérer son héritage, d'autant qu'elle découvre que le premier mari de Myriam a été retrouvé mort dans des circonstances similaires. Mais la police pense que Rosy a tué Gérard par jalousie et l'écroue aux Baumettes.

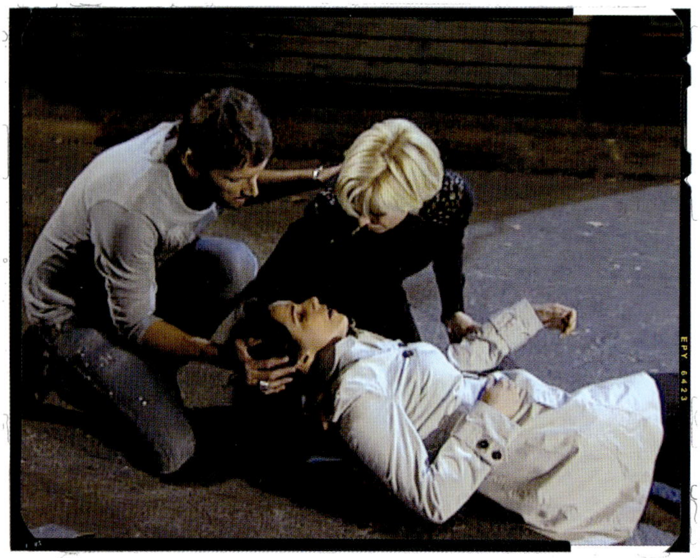

Céline et Thomas arrivent trop tard : la balle reçue par Myriam lui sera fatale.

LE COUPLE INFERNAL

Pendant ce temps, Myriam se rapproche de Céline et se découvre des penchants homosexuels. Les deux jeunes femmes se mettent en couple et vivent le parfait amour jusqu'à l'arrivée de Blaise, le demi-frère par alliance de Myriam. En réalité, Myriam et Blaise sont en couple et forment un duo crapuleux : Myriam drague des hommes ou des femmes fortunés, et Blaise les assassine une fois qu'ils ont couché Myriam sur leur testament. Leur prochaine cible ? Céline ! Mais pour cette mission, le couple a omis un détail...

LA MALÉDICTION DE CÉLINE

En effet, Myriam est réellement tombée amoureuse de Céline. Du coup, elle retarde autant que possible

Mistraliens concernés : Céline • Myriam • Blaise • Rosy • Mirta • Gérard

le meurtre programmé de l'avocate. Blaise comprend vite que sa complice ne peut se résoudre à l'assassinat de Céline. Fou de rage en apprenant que Myriam a dépensé pour elle tout l'argent récolté dans leurs combines, Blaise l'abat d'une balle en pleine poitrine sur la place du Mistral. Céline et Thomas arrivent à son secours, mais il est trop tard : Myriam s'éteint dans les bras de Céline, désemparée. Blaise est envoyé en prison et Rosy libérée.

LE SAVIEZ-VOUS ?

Si, la première fois que vous avez regardé *Plus belle la vie*, le feuilleton vous semblait familier, c'est peut-être grâce à son bar ! L'antre de Roland est largement inspiré d'une institution à Marseille (le Bar des 13 coins) qui a servi de décor à de nombreux tournages, dont le mythique *Borsalino* de Jacques Deray, avec Jean-Paul Belmondo et Alain Delon. Jean Reno et Kad Merad y ont aussi bu un coup en 2010 dans *L'Immortel*, un film de Richard Berry. Certains habitués prétendent même que la légende de ce troquet remonte bien plus loin puisqu'il serait construit à l'emplacement d'une ancienne auberge fréquentée par Casanova en personne. Pas étonnant alors qu'on parle autant d'amour au bar de Roland !

Enquêtes parallèles

17 décembre 2010

Pour ce prime, l'équipe de *Plus belle la vie* part tourner à Bruxelles, où Sybille, Ninon et Benoît sont embarqués contre leur gré dans une affaire se déroulant au Parlement européen. Un bel hommage aux fans belges, très nombreux à suivre les aventures mistraliennes sur la RTBF.

Sybille mène l'enquête

Suite à un malentendu, Sybille veut s'éloigner de Benoît et part avec Ninon pour Bruxelles. Sur place, elle se passionne pour l'histoire de Lætitia, une femme dépressive dont le mari, le député européen écologiste Éric Dewaere, a disparu. Sybille convainc Ninon puis son père de mener l'enquête. Mais elle assiste à l'assassinat de Lætitia par un policier bruxellois, Xavier Méresse. Celui-ci se lance à la poursuite de Sybille.

Corruption politique et policière

Parallèlement, le commissaire Douala est chargé d'enquêter sur Marc Dana, son ex-compagnon, un policier haut placé d'Interpol. On le soupçonne de corruption. L'enquête de Ninon et celle de Douala convergent vers le même homme : Charles McGregor. Cet individu est à la tête d'un grand groupe pétrochimique. En 2001, un de ses chalutiers transportant des matières toxiques a

sombré au large de Marseille. McGregor a passé cet accident sous silence et a fait assassiner Éric puis Lætitia, qui avaient découvert la vérité. Marc Dana, complice de McGregor, étouffe ces affaires moyennant finance.

Pas si attardé que ça !

Avec l'aide de Douala, Sybille et son père parviennent à regagner Marseille, croyant échapper au danger. Mais la jeune fille est attendue par Lenny Maisonneuve. Cet employé de ménage au commissariat du Mistral, prétendument handicapé mental, est un complice de McGregor. Il a tué Éric et compte maintenant s'occuper de Sybille. Finalement, le commissaire Douala met de côté son amour pour Marc et l'arrête alors qu'il allait faire exploser l'épave du bateau englouti. McGregor est arrêté par la police bruxelloise pour avoir commandité les crimes. Lenny est assommé par Sybille avant d'être emprisonné à Marseille.

La descente aux enfers de Victoire et Luna

Date : 14 janvier 2011

Le pitch : Rebecca tente de contaminer Luna avec une seringue empoissonnée.

LA MALADIE DU JEU

Victoire fait la connaissance de Sacha Malkavian, un quadragénaire avec qui elle vit une relation enflammée. Mais, alors qu'elle en est folle amoureuse, elle découvre que Sacha est marié à Rebecca et père de Jonas, un adolescent. Déçue, Victoire se met à jouer au poker pour l'oublier et se ruine. La jeune femme s'endette auprès de Denis Lestournier, un escroc de la pire espèce, et commence une véritable descente aux enfers. Elle entraîne Sacha dans sa chute : Lestournier kidnappe Jonas, qu'il ne libérera qu'en échange d'une rançon. Il exige également que Sacha tue Léonard, le grand-père de Rudy. Victoire tente de s'extirper de ce piège mais ne peut empêcher le drame.

RUDY PERD SON GRAND-PÈRE

Léonard est retrouvé mort, et Lestournier est soupçonné du meurtre, mais il est abattu à son tour par la même arme. La police n'a plus qu'un seul suspect, Victoire, qui est arrêtée. Dans le même temps, Luna renoue avec une ancienne amie, Rebecca, la femme de Sacha, avec qui elle se droguait autrefois. Mais, alors que Luna s'est sortie sans trop de dommages de la drogue, Rebecca a été contaminée par le VIH après s'être piquée avec une seringue usagée. Secrètement, Rebecca tient Luna pour responsable de sa séropositivité et tente de la faire replonger.

Luna vient de faire une overdose lorsque son ancien beau-père, Léonard, retrouve le corps de la jeune femme gisant sur le sol.

Mistraliens concernés : Victoire • Luna • Sacha • Jonas • Denis • Rebecca • Léonard

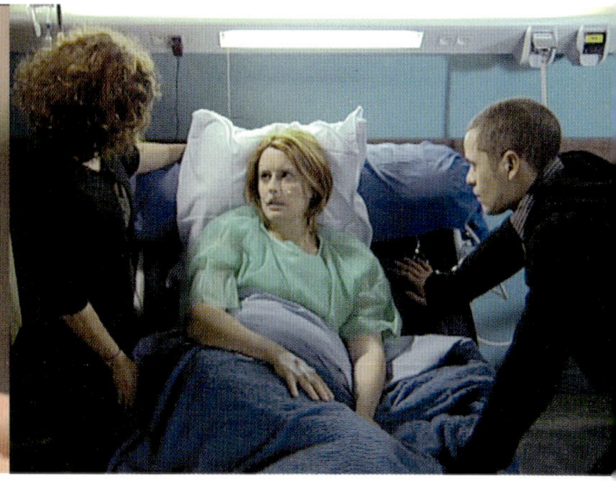

LE GESTE DE FOLIE DE REBECCA

La vérité finit par éclater : Rebecca a compris très tôt que son mari la trompait avec Victoire. Elle veut se venger d'elle. Ainsi, elle a contacté son ancien dealer, Lestournier, pour lui faire vivre un véritable enfer. Rebecca est ainsi la commanditaire de l'enlèvement de Jonas, son propre fils, et elle est aussi derrière les meurtres de Léonard et de Lestournier. En parallèle, elle tente de se venger de Luna en lui inoculant le VIH. Heureusement, Rebecca est arrêtee avant de commettre l'irréparable. Elle s'éteindra quelques semaines plus tard.

LE SAVIEZ-VOUS ?

Fin 2010, Jonas apparaît pour la première fois dans *Plus belle la vie* avec la famille Malkavian. À la mort de sa mère, il quitte le Mistral avant de revenir, métamorphosé, quelque temps plus tard. Entre-temps, le personnage a changé d'interprète : Pierre-Louis Bellet a laissé sa place à Geoffrey Piet. Ce n'est pas la première fois qu'une telle chose se produit dans le feuilleton. Avant Jonas, Nicolas Barrel, Astrid Frémont, Ahmed Nasri, Christelle, la nièce de Charlotte, ou plus récemment Paul, le fils de Gabriel, ont eux aussi connu un changement de comédien.

Johanna, mariée pour le pire

Date : 2 mars 2011

Le pitch : Johanna apprend la liaison de son mari avec sa mère.

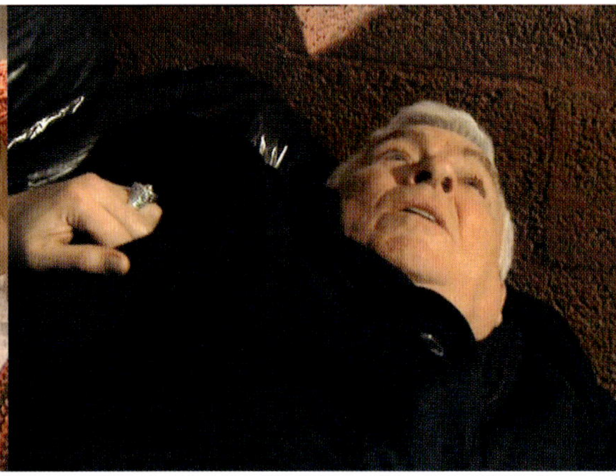

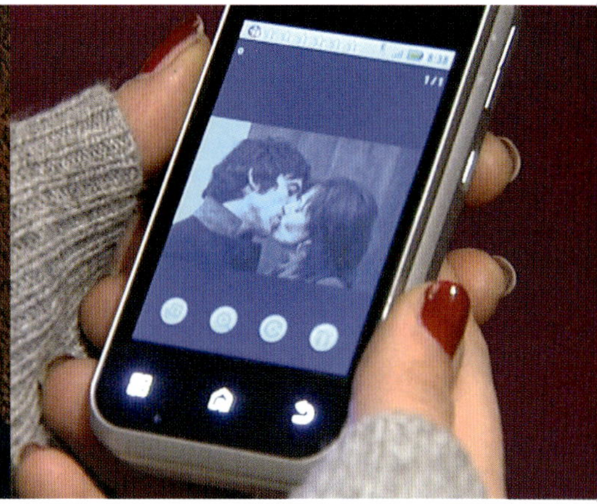

UN MARI HORS DU COMMUN

Johanna revient de son voyage aux États-Unis avec une sacrée surprise dans ses bagages : Gaspard, un clown de 36 ans devenu son mari à Las Vegas. Les Mistraliens sont surpris tant par la nouvelle que par la personnalité du mari, et surtout Blanche, qui espérait un homme avec une situation plus stable pour sa fille. Et puis Gaspard a eu des fréquentations douteuses autrefois. Alors que le jeune homme prétend que son père est mort, celui-ci réapparaît bientôt au Mistral. Michel est en effet le patron des chantiers navals Espira, une entreprise qui intéresse Vincent. Michel et Gaspard sont en froid depuis des années, mais le père, gravement malade, veut se rapprocher de son fils avant de mourir.

Une dispute d'une rare violence éclate chez les Marci. Johanna casse un vase sur la tête de sa mère !

UN CLOWN CHEF D'ENTREPRISE

Gaspard accepte de renouer le contact avec Michel, mais avec beaucoup de méfiance. Le destin va les rattraper puisque, peu de temps après, Gaspard retrouve son père décédé. Le choc est dur pour le garçon, et seule Blanche parvient à le réconforter. Le gendre et la belle-mère se rapprochent jusqu'à commettre l'irréparable en ayant une liaison. Dans le même temps, Gaspard hérite de l'entreprise de son père, au bord de la faillite. Malgré son peu d'expérience dans les affaires, il décide de la remettre sur pied, au grand dam de Vincent, qui tentait de la lui racheter à bas prix pour construire une marina à la place.

Mistraliens concernés : Johanna • Gaspard • Blanche • Michel • Vincent

MÈRE ET FILLE FÂCHÉES À JAMAIS ?

La guerre entre les deux hommes est sans merci. Lorsque Vincent a la preuve de la relation entre Gaspard et Blanche, il en placarde les photos dans tout le quartier. Folle de rage, Johanna, qui est enceinte, frappe sa mère et rompt tout contact avec elle. Elle décide d'avorter et de demander le divorce. Pour assouvir son désir de vengeance, elle monte un plan pour envoyer Gaspard en prison. Blanche réussit à le faire innocenter, mais elle décide de mettre fin a leur histoire. Gaspard quitte le Mistral pour se consacrer avec succès au sauvetage des Chantiers Espira. Entre Blanche et Johanna, les ponts semblent à jamais coupés...

LE SAVIEZ-VOUS ?

Incapable d'assumer le mal qu'elle a fait subir à sa fille, Blanche décide de lui écrire. Une démarche expiatoire sous forme de récit qui attirera rapidement l'attention d'un éditeur dans le feuilleton. Magie de la télévision, ce roman intitulé *Lettre à Johanna* sort en octobre 2011 dans les librairies en même temps que dans la fiction. Un an plus tard, la suite de l'ouvrage est également publiée sous le titre de *Charly*, et raconte le début de l'histoire de Blanche avec son nouveau compagnon, ainsi que l'impossible reconstruction de sa relation avec Johanna.

Gueule de bois au Mistral

Date : 30 mars 2011

Le pitch : La fête de quartier tourne au fiasco après que les Mistraliens ont bu un étrange cocktail.

L'ÉVASION DE PICMAL

Un matin, Mirta reçoit une lettre de Charles-Henri Picmal, un de ses anciens amants et homme politique véreux qui a sévi au Mistral quelques années auparavant avant d'être emprisonné. Picmal, gravement malade, exprime des remords pour ses actes et demande à Mirta d'écrire en sa faveur afin qu'il obtienne une grâce médicale. Mirta refuse. Quelques jours plus tard, on apprend que Picmal s'est évadé, qu'il est en pleine santé et qu'il recherche un magot caché au Mistral pour payer Vivien et Norbert, ses complices d'évasion. Les habitants du Mistral, et Mirta en particulier, vivent dans l'inquiétude, craignant sa vengeance. Malgré ce climat tendu, Roland maintient sa fête de quartier, au cours de laquelle Djawad, poursuivi par la police, se débarrasse d'un sachet de drogue de synthèse dans la sangria. Le résultat est terrible…

MAL DE CRÂNE GÉNÉRALISÉ

La fête – à laquelle Picmal et ses complices prennent part déguisés – dégénère, et tous les Mistraliens se réveillent dans des situations abracadabrantes, n'ayant aucun souvenir de leur nuit. Cette beuverie prend une tournure policière lorsqu'on retrouve le corps sans vie de Picmal. La police et les Mistraliens remontent jour après jour le cours de cette nuit de folie et finissent par tout reconstituer : c'est Norbert qui a tué Picmal en cherchant à s'emparer de son

Ce soir, la fête du Mistral bat son plein ! Plus dur sera le réveil…

Mistraliens concernés : Picmal • Mirta • Roland • Norbert • Vivien • Céline • Wanda • Djawad

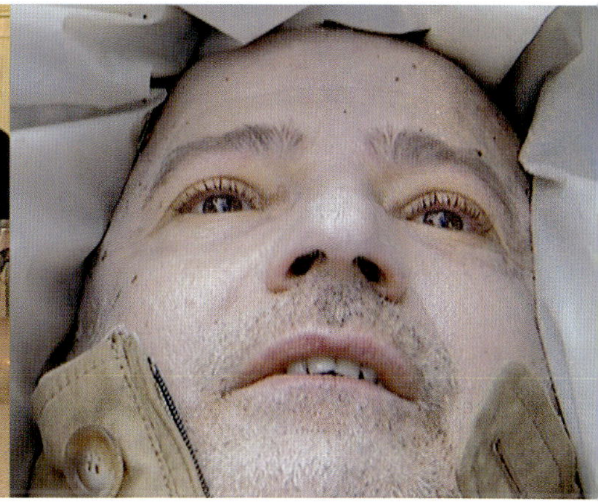

magot, caché dans la chambre de Mirta. Juste après le crime, il a eu un coup de foudre pour Wanda, avec qui il a fini la nuit dans une tenue SM. Par la suite, Norbert cherchera à retrouver l'argent, mais il se fera arrêter par la police avant d'avoir mis la main dessus.

À CHACUN SON DESTIN !

De son côté, Céline a rencontré le grand amour au cours de cette nuit, sans pouvoir se rappeler son visage. Elle découvre qu'il s'agit du complice de Norbert, Vivien, qu'elle continuera à aimer malgré son incarcération. Jean-Paul, qui devait demander Samia en mariage au cours de cette soirée, croit retrouver son imperméable dans la chambre de Céline et pense à tort avoir passé la nuit avec elle. C'est Jean-François qui est derrière cette mauvaise plaisanterie. Rudy et Estelle, eux, ont fait l'amour ensemble comme au bon vieux temps. Quant à Roland, qui prétendait ne pas avoir subi les effets du cocktail, il a en fait passé la nuit à batifoler dans le parc Borély avec Mirta. Sacrée soirée !

LE SAVIEZ-VOUS ?

Cette histoire marque le retour d'un personnage bien connu des Mistraliens : le crapuleux Picmal, interprété par le comédien Richard Guedj, un des piliers du feuilleton. En effet, outre ses talents de comédien, Richard est le directeur d'acteurs de *Plus belle la vie*. Un rôle auquel il peut désormais se consacrer à 100 % puisque Picmal est bien mort et enterré !

Course contre la montre

20 septembre 2011

Leur idylle avait été un long chemin de croix, leur lune de miel sera difficile ! Le voyage de noces de Samia et Boher est le point de départ de ce prime : une comédie rythmée avec Yves Rénier en invité de marque.

Un prestigieux bijou

Une montre ayant appartenu à Marylin Monroe a été dérobée dans un musée. Jean-Paul Boher a cru à tort reconnaître ce bijou au poignet d'une femme. Seulement celle-ci, mariée au préfet des Bouches-du-Rhône, n'a pas apprécié d'être placée en garde à vue. Boher apprend donc qu'il va être muté pour Dunkerque et n'ose l'avouer à Samia. Ils viennent tout juste de se marier et doivent partir en Crête pour leur voyage de noces.

La Corniche plutôt que la Crête

À l'aéroport, Boher croise un couple, Sylvain et Emmanuelle. Il reconnaît de nouveau la montre de Marylin au poignet de la femme. Le flic est persuadé qu'il tient là une chance de se racheter auprès de sa hiérarchie ; il évitera peut-être d'être muté à Dunkerque. Ne pouvant dire la vérité à Samia, il change les plans de son voyage de noces : plutôt que de partir comme prévu en Crête, Boher et Samia vont rester à Marseille et s'installer dans le même hôtel qu'Emmanuelle. Cette dernière, accompagnée de son prétendu mari, y a donné rendez-vous à un riche homme d'affaires, Benjamin Tomasini, pour lui revendre discrètement la montre. Sur le qui-vive, Boher

espère arrêter cette femme et son complice au moment de la transaction.

Un hôtel en vogue

À l'hôtel, le couple croise plusieurs de ses connaissances : le brigadier Jean-François – qui travaille dans l'hôtel pour arrondir ses fins de mois –, la commissaire Douala – venue à l'hôtel rejoindre son amant – et Wanda Legendre – venue avec Nathan pour retrouver la montre, dont elle fut la propriétaire avant Marilyn. Le bijou tant convoité donne lieu à une série de quiproquos et passe de mains en mains au cours de la soirée. Sylvain finit par le récupérer et prend Samia – sur le point de le démasquer – en otage. Du coup, Jean-Paul kidnappe à son tour Emmanuelle et propose à Sylvain un échange au bord de la piscine. La transaction donne lieu à un plongeon collectif et le couple de malfrats est finalement arrêté. La montre est récupérée par la police, ce qui permettra à Jean-Paul de faire annuler sa mutation.

Ève, la croqueuse d'hommes

Date : 14 avril 2011

Le pitch : La belle Ève débarque au Mistral et va bouleverser la vie de plusieurs personnes.

UNE ARRIVÉE REMARQUÉE

Ève arrive à Marseille pour reprendre la boutique d'Estelle et en faire un salon d'esthétique. La personnalité de la jeune femme, une croqueuse d'hommes adepte des rencontres sans lendemain, chamboule tout le Mistral. Les femmes la détestent, les hommes tombent sous son charme (Rudy, Xavier, Vincent, etc.). Bref, Ève fait beaucoup parler d'elle. De son côté, Charles Frémont cherche à s'emparer de son salon car il veut, avec Anémone Vitreuil, transformer tout l'immeuble en résidence pour personnes âgées. Aussi, Charles met au point les stratégies les plus basses pour discréditer Ève aux yeux des Mistraliens et la faire partir de Marseille.

Cette ravissante joggeuse fait chavirer le cœur de Rudy… le premier d'une longue série de soupirants.

CROQUEUSE OU MANGEUSE D'HOMMES ?

Le plan de Frémont semble fonctionner. Le jour de l'ouverture, le salon d'Ève est vide. Le moral de la jeune femme est au plus bas, d'autant que, depuis son retour au Mistral, elle est sujette à d'éprouvants cauchemars. Elle commence à envisager un départ pour Paris, mais tente malgré tout de se réconcilier avec les Mistraliens en organisant une fête. La soirée tourne au règlement de comptes et, par provocation, Ève laisse croire aux invités qu'ils ont mangé du carpaccio à base de chair humaine. La plaisanterie tourne court quand la police retrouve réellement des restes humains dans les poubelles de la commerçante… Ève est placée en garde à vue, puis elle est

Mistraliens concernés : Ève • Vincent • Rudy • Estelle • Charles • Anémone • Léo • Nadia

victime d'une tentative de viol. Ève pense à tort que Léo est son bourreau et le fait replonger dans l'alcool en versant une fiole de spiritueux dans son jus de tomate. Heureusement, le policier surmonte sa colère et poursuit son enquête. Il découvre que Frémont est derrière tous les malheurs de l'esthéticienne.

UNE DRÔLE DE NOUNOU

Reste qu'Ève souffre toujours de ses cauchemars ! Sa psy comprend qu'ils sont en lien étroit avec son enfance au Mistral. Ève demande à sa mère de l'éclairer sur son passé, mais cette dernière affirme que sa fille n'a vécu aucun traumatisme. Le malaise d'Ève s'intensifie lorsqu'elle croise Nadia, la baby-sitter de Noé, dans son institut. La nuit suivante, Ève la voit apparaître dans un cauchemar et a tout d'un coup un flash : Nadia était sa baby-sitter et la maltraitait lorsqu'elle était enfant. Grâce au témoignage d'Ève, Nadia – qui commençait à s'en prendre à Noé – est finalement arrêtée pour mauvais traitements. Encouragée par tous les Mistraliens, Ève décide de rester à Marseille.

LE SAVIEZ-VOUS ?

Quel point commun Ève Tresserre a-t-elle avec Florian Esteve, Éva Cabestany, le docteur Livia, Gaspard Espira et la famille Cassagne ? Tous ces héros mistraliens et bien d'autres ont pour nom de famille celui de villages des Pyrénées-Orientales, d'où est originaire le directeur de collection du feuilleton. Alors, pour connaître le nom des futurs personnages, munissez-vous d'une carte de la Catalogne nord !

L'affaire MédiaGaz

Date : 14 juillet 2011

Le pitch : Fabien a un accident de moto qui le plonge dans un profond coma. Mais est-ce vraiment un accident ?

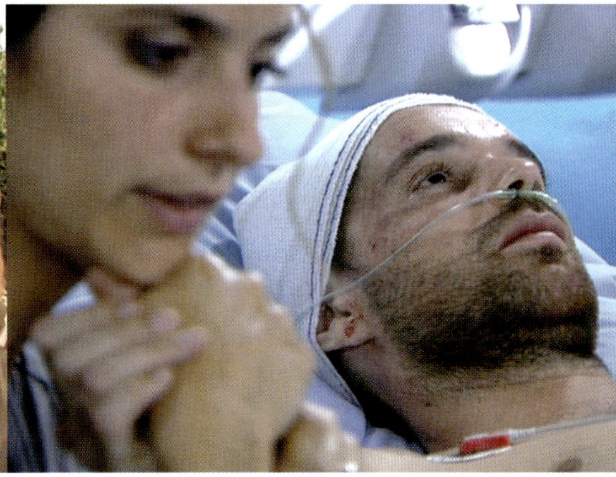

UN ACCIDENT DRAMATIQUE

Vincent rencontre Frédéric Casteil, un cadre dirigeant de l'entreprise MédiaGaz, afin que Phénicie participe à des travaux de forage visant à extraire du gaz de schiste dans l'arrière-pays. Ninon s'y oppose, tout comme Gaël, un géologue qui a réalisé une expertise pour MédiaGaz et qui est certain que cela provoquera un désastre écologique. Fabien tente d'aider Gaël et Ninon, sa fiancée, dans son enquête pour faire éclater la vérité. Mais ils s'attaquent tous les trois à de très gros poissons… Un soir, après avoir bu un verre ensemble, Fabien et Gaël ont un grave accident de moto. Gaël meurt tandis que Fabien se retrouve dans le coma, une épreuve terrifiante pour sa famille ainsi que pour Sybille, follement amoureuse de lui.

L'INFILTRATION DE FABIEN

Vincent comprend que l'accident a été commandité par Casteil, qui voulait supprimer Gaël, devenu trop gênant pour lui. Mais il a peur et se tait. De son côté, Fabien sort du coma mais souffre d'amnésie rétrograde. Il devine malgré tout que Casteil est responsable de son accident et est prêt à tout pour découvrir la vérité. Il devient alors l'un des hommes de main de Casteil afin de mieux intégrer son cercle intime et de découvrir des preuves pour le faire tomber. Pour cela, il sort avec Anaïs, la collaboratrice de Casteil. Ce dernier, par provocation,

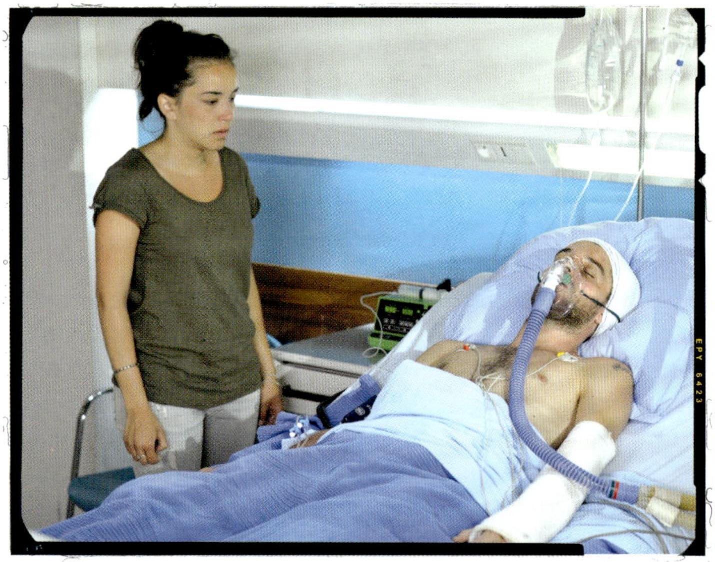

Sybille est effondrée en découvrant Fabien dans le coma.

Mistraliens concernés : Fabien • Casteil • Ninon • Sybille • Vincent • Anaïs • Gaël

se vante d'avoir provoqué son accident. Fabien endure alors une véritable torture psychologique mais y résiste grâce au soutien de Sybille, avec qui il partage désormais sa vie.

SYBILLE CONTRE UNE CLÉ USB

Profitant d'une soirée libertine, Fabien piège Casteil en lui dérobant une clé USB contenant des informations compromettantes sur MédiaGaz. Toutefois, les choses ne se déroulent pas comme prévu : Sybille, inquiète pour Fabien, s'infiltre à la soirée et se fait surprendre par Anaïs. Comprenant qu'il est en train de se faire doubler, Casteil la séquestre. Fabien n'a plus le choix : il doit rendre la clé USB s'il veut revoir Sybille vivante. Mais Fabien a déjà prévenu la police, qui profite de l'échange pour intervenir et coincer Anaïs et Casteil.

LE SAVIEZ-VOUS ?

Le quartier du Mistral, lieu de toutes les débauches ? La question se pose lors de l'intrigue Casteil, où Fabien est contraint de participer à des parties fines de la haute société – et a du mal à s'en remettre. Avant cela, Thomas et Estelle ouvraient un rayon *sextoys* dans leur boutique, Anémone Vitreuil s'offrait les services de jeunes escort-boys, et Wanda se transformait le soir en princesse Cruella pour animer un téléphone rose. Mais que les âmes prudes se rassurent: toutes les séquences coquines sont allusives. *Plus belle la vie* suit simplement l'évolution de la société.

Le commissariat du Mistral

Lieu incontournable du Mistral, le commissariat a vu passer bon nombre de policiers depuis sa mise en fonction. Revue d'effectifs.

1

2

3

4

5

6

1 – Identité : Douala Sara
Grade : Commissaire
En place depuis le 5 juillet 2010
Signe distinctif : Main de fer

2 – Identité : Castelli Léo
Grade : Capitaine
En place du 31 août 2004 au 16 décembre 2011
Signe distinctif : Un grave accident lui a fait quitter ses fonctions dans la police

3 – Identité : Nasri Samia
Grade : Brigadier
En place depuis le 16 janvier 2008
Signe distinctif : Mariée à un collègue qu'elle a longtemps détesté

4 – Identité : Boher Jean-Paul
Grade : Lieutenant
En place depuis le 15 octobre 2007
Signe distinctif : Adepte du verre de lait avant de débuter son service

5 – Identité : Leroux Jean-François
Grade : Brigadier
En place depuis le 31 août 2004

Signe distinctif: La femme dont il est amoureux est celle de son chef

6 – Identité: Nebout Patrick
Grade: Commandant
En place depuis le 23 mars 2012
Signe distinctif: Beau gosse

7 – Identité: Bouraoui Jade
Grade: Lieutenant
En place du 22 mai au 13 octobre 2006
Signe distinctif: Tuée par Livia

8 – Identité: Madigan Véra
Grade: Commissaire
En place du 17 juillet 2006 au 17 juillet 2009
Signe distinctif: Fort caractère

9 – Identité: Delorme Julie
Grade: Gardienne de la paix
En place du 24 août au 18 septembre 2009
Signe distinctif: A eu une aventure avec le lieutenant Boher

10 – Identité: Bergman Marie
Grade: Commissaire
En place du 17 mars 2009 au 4 mars 2010
Signe distinctif: Tête de mule

11 – Identité: Beaumont Jean-François
Grade: Commissaire
En place du 31 août 2004 au 2 juin 2006
Signe distinctif: Ripou, actuellement en prison

12 – Identité: Munz Cyril
Grade: Agent vacataire
En place du 25 octobre au 31 octobre 2007
Signe distinctif: Décédé en fonction lors des émeutes du Mistral

13 – Identité: Barrel Nicolas
Grade: Lieutenant
En place du 17 mars 2005 au 2 mars 2007
Signe distinctif: Devenu avocat

14 – Identité: Daubert Camille
Grade: Profileuse, police scientifique
En place du 26 mai au 30 juin 2008
Signe distinctif: Emprisonnée après l'affaire des prostituées du Mistral

MF

Saison 8
Le bonheur continue

La huitième saison de *Plus belle la vie* débute en fanfare avec l'annonce par France Télévisions de la reconduction du feuilleton jusqu'en 2016. Mieux encore, commence en 2012 une deuxième vie sur le Net avec le développement d'un écosystème numérique pour offrir aux fans plus de contenu et d'espaces d'échange. Et des sujets de discussions, il y en a à foison en cette saison avec la disparition émouvante d'Adriana et le passage au Mistral de personnages hauts en couleur qui seront pour longtemps dans les mémoires des Mistraliens. Souvenez-vous : Karim, le père d'Abdel, Gaston, les Carpi, Lydie de La Perthuis et Michaël…

Drames à l'hôpital

Date : 3 novembre 2011

Le pitch : Adriana s'éteint dans les bras de Guillaume après avoir avalé des pilules de morphine.

ERREUR OU TRICHERIE ?

Rudy n'en croit pas ses yeux ! Classé parmi les derniers au concours d'internat, le jeune homme accuse le coup, d'autant que sa nouvelle copine, Albane, pourtant moins brillante que lui d'ordinaire, est étrangement bien classée. Rudy découvre que le professeur Servant, responsable du jury et professionnel estimé de tous, est très proche de Jean-Noël Latour, le père d'Albane. Pas de doute possible pour Rudy : ses résultats ont été inversés avec ceux de la jeune fille. Rudy décide de porter plainte, même s'il s'attire les foudres de cette dernière, qui rompt avec lui, ainsi que d'Adriana, qui a une grande estime pour Servant car celui-ci la soigne.

LE TERRIBLE DIAGNOSTIC

En effet, depuis son retour de vacances en Italie, Adriana se fait mystérieuse, ce qui a le don d'énerver Guillaume et son entourage. La mère d'Alix cache en fait un cancer du foie à un stade très avancé. Elle se sait condamnée et veut profiter des derniers instants de sa vie, sans parvenir à annoncer la terrible nouvelle aux siens. À l'hôpital, les choses se compliquent pour Rudy : pour l'obliger à retirer sa plainte, Jean-Noël Latour lui envoie Émir, un truand, qui s'arrange pour le compromettre dans un trafic de médicaments. Émir exerce alors un terrible chantage sur Rudy. Se rendant compte qu'il va mal, Adriana prévient Luna, qui décide de rentrer du Brésil.

Dernier coucher de soleil sur la plage pour Adriana, qui accomplit là sa dernière volonté.

Mistraliens concernés : Adriana • Guillaume • Alix • Rudy • Luna • Albane • Servant • Jean-Noël

LE DERNIER SOUFFLE D'ADRIANA

Avec l'obstination qu'on lui connaît, Luna découvre que Jean-Noël est à l'origine des problèmes de son fils. Elle convainc Albane de la culpabilité de son père. Cette dernière accepte de témoigner contre lui et persuade le professeur Servant de tout dire à la police. Jean-Noël est arrêté et Rudy reclassé. Entre-temps, l'état d'Adriana s'est dégradé. Sur les conseils de Luna, Adriana avoue sa maladie à Guillaume et à Alix, qui s'écroulent de chagrin. Mais ils font face pour profiter de ses derniers instants. Guillaume la demande même en mariage, devenant ainsi le tuteur légal d'Alix comme le souhaite Adriana. La jeune femme peut partir en paix. Elle choisit le moment de sa mort après avoir fait ses adieux à ses proches… et s'endort à jamais.

LE SAVIEZ-VOUS ?

Charlotte Boimare ne pensait pas revoir le Mistral après la mort de son personnage… Et pourtant, la production l'a rappelée quelques semaines après pour jouer des séquences émouvantes avec Alix. Adriana apparaissait dans l'imaginaire de sa fille, encore sous le choc de la disparition de celle qui comptait le plus à ses yeux. Cette courte prolongation fut appréciée des fans, extrêmement nombreux à avoir suivi cette intrigue.

Libéré de prison

Date : 2 novembre 2011

Le pitch : Karim sort de prison, les ennuis commencent pour Abdel…

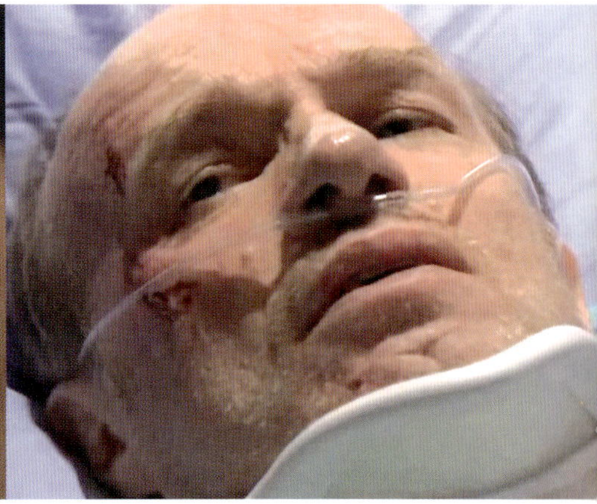

UNE FAMILLE RÉUNIE

Karim, le père d'Abdel, bénéficie d'une liberté conditionnelle. Ayant promis à son fils de se ranger, il refuse le coup que lui propose Tom, le cousin peu fréquentable de sa compagne, Elsa. Peu après, Karim est victime d'une tentative de meurtre et soupçonne Tom. Lors d'une confrontation, il tue ce dernier en situation de légitime défense. Écœurée, Elsa le quitte. Entre-temps, Catherine Pujol débarque au Mistral et rencontre Léo, avec lequel elle entame une relation amoureuse. Elle lui avoue être la mère d'Abdel et finit par se présenter au garçon, qui croyait qu'elle était décédée. Karim, prévenu de son arrivée, la somme de quitter Marseille. Il est ensuite arrêté pour le meurtre de Tom. Alors qu'il réussit à s'évader, il est braqué par un inconnu, puis laissé pour mort dans le coffre d'une voiture.

Karim retrouve son fils sous le regard complice d'Elsa, sa compagne.

LE DÉPART DE LÉO

C'est le jour de l'enterrement qu'apparaît Hocine, le frère cadet de Karim, tout juste sorti de prison. Il se présente à Abdel et jure de venger la mort de Karim. Il prétend qu'Elsa est coupable de la mort de son frère. Pendant ce temps, Léo commence à avoir des doutes sur Catherine et décide de partir enquêter sur elle à Paris, mais il est renversé par un chauffard. Incapable de marcher, il part en convalescence en Argentine auprès d'Agathe. Manipulé par Catherine et Hocine, qui sortent secrètement ensemble, Abdel

Mistraliens concernés : Abdel • Barbara • Karim • Elsa • Catherine • Hocine • Léo • Boher

reprend le cercle de jeux dont il a hérité de son père. Pour l'éloigner de Barbara, qui suspecte Catherine dans l'accident de Léo, le couple charge Circée, une jeune call-girl, de séduire Abdel. Le plan fonctionne, jusqu'au moment où ce dernier se fait soupçonneux.

UN MORT RESURGIT

Abdel se réconcilie alors avec Barbara, et leurs recherches les conduisent à la prison de Lyon, où, selon les registres, Hocine recevait souvent la visite d'une femme : Catherine. En découvrant leur liaison – débutée avant même la naissance d'Abdel –, Karim avait balancé son frère à la police. Depuis lors, Hocine est obnubilé par son désir de vengeance. Sentant que son neveu devient trop curieux, Hocine commandite son assassinat, mais l'arrivée d'Elsa renverse la situation. C'est alors que surgit Karim ! L'homme a réussi à s'en tirer. Il a bénéficié de la protection de la police, qui a fait croire à son décès. Catherine et Hocine sont arrêtés. Karim et Elsa se retrouvent et quittent Marseille.

LE SAVIEZ-VOUS ?

Début 2012, *Plus belle la vie* envahit le Net en se dotant d'une nouvelle plate-forme (www.plusbellelavie.fr), d'applications et d'un site mobile, ainsi que d'une couverture puissante des réseaux sociaux (Facebook, Twitter, etc.). L'objectif : avoir une forte interaction avec les fans du feuilleton et leur offrir davantage de contenus à travers notamment une web-série, des modules vidéos avec les comédiens et des espaces d'échanges et de discussions. Quelques mois plus tard, la page Facebook officielle de *Plus belle la vie* accueille son millionième fan !

La proposition indécente de Gaston

Date : 8 février 2012

Le pitch : Benoît et Ève se marient pour un million d'euros.

UN ÉTRANGE PÈRE NOËL

La veille de Noël, Ève recueille devant son institut Gaston, un vieillard déguisé en Père Noël qui vient d'être passé à tabac. La jeune femme lui administre les premiers soins et l'emmène à l'hôpital. Gaston revient quelques jours plus tard remercier son ange gardien. Le Mistral fait alors la connaissance de ce personnage atypique, grossier et provocateur, qui choque autant qu'il énerve. Seule Ève sait l'amadouer, et Gaston s'attache à cette jolie esthéticienne qui lui a sauvé la vie. Il veut désormais son bonheur et cela passe, selon lui, par un mari. Gaston remarque la connivence entre Ève et Benoît, qui effectue des travaux de plomberie chez elle pour combler ses dettes. Mais bientôt Ève, qui connaît elle aussi des problèmes d'argent, ne pourra plus le payer. Gaston a alors une idée !

LE MARIAGE À UN MILLION !

Le vieil homme offre un million d'euros à Benoît et Ève à une seule condition : qu'ils se marient. D'abord choqués par la proposition, Benoît et Ève finissent par accepter, d'autant que Benoît obtient du bout des lèvres le consentement de Mélanie, sa compagne. C'est d'accord : ils se marieront puis divorceront dans la foulée, une fois l'argent sur leur compte. Mais leur détachement vis-à-vis de cette mascarade ne dure qu'un temps : pour la première fois de sa vie, Ève est amoureuse, et Benoît est touché par sa détresse. Le soir du mariage, il l'embrasse, et le couple bascule.

L'argent ne fait pas le bonheur ! L'adage se vérifie pour Benoît et Ève, tristes mariés pour un million d'euros.

Mistraliens concernés : Ève • Benoît • Gaston • Mélanie • Rosa • Wanda

Même s'il ne le sait pas encore, le jeune homme vient de perdre Mélanie. Et les problèmes ne s'arrêtent pas là : Gaston a disparu avant de leur avoir donné la récompense promise. Tout laisse penser qu'il a été assassiné…

UNE HISTOIRE ROMANESQUE

La police suspecte Benoît d'avoir supprimé Gaston, qui mettait du temps à payer la récompense, et il est arrêté. Mais le vieillard, au passé de mafioso, semble impliqué dans des affaires louches aux États-Unis, où il vivait avant de gagner le Mistral. Rosa Smith, une étrange romancière américaine logée au Select, en saurait-elle davantage sur Gaston qu'elle ne le prétend ? Effectivement, elle est l'ancienne compagne du vieil homme, qui l'a quittée brutalement. Peinée, elle est prête à tout pour se venger et finit par le retrouver, caché dans l'appartement de Wanda. Mélanie l'empêche in extremis de tuer Gaston et Wanda – que Rosa prend pour la femme de ce dernier. Finalement, Gaston pardonne à Rosa et repart en Californie avec elle, alors que Benoît sort de prison. Mais le mal est fait ! Mélanie s'installe chez les Boher, tandis qu'Ève, anéantie, s'envole en Nouvelle-Zélande.

LE SAVIEZ-VOUS ?

Dégoûtée par les hommes, Mélanie recueille près du bar de Roland un adorable petit westie abandonné, à l'intelligence hors norme et répondant au doux nom de Bobby. Le Mistral a déjà vu passer sur sa place des chiens, un cochon et même un mouton, mais c'est la première fois qu'un animal s'installe durablement et devient un vrai personnage du feuilleton !

Coup de froid aux Quatre Soleils

21 février 2012

Dans ce prime, *Plus belle la vie* monte pour la première fois à Paris pour tourner les aventures d'un duo aussi improbable qu'attachant: Xavier et Djawad.

L'infiltré

Xavier Revel enquête sur l'assassinat de Yanis Boussad, un dealer qui s'apprêtait à témoigner au sujet d'un gros trafic de drogue. S'estimant responsable de la mort du garçon, dont il avait garanti la sécurité, le substitut du procureur décide de prendre tous les risques afin de retrouver les meurtriers. Pour cela, il doit infiltrer la cité des Quatre Soleils dans la banlieue parisienne. Djawad, qui a longtemps vécu dans cette cité, est contraint de l'accompagner afin d'échapper à une peine de prison. Ce tandem improbable gagne la cité des Quatre Soleils, où Djawad tente tant bien que mal de faire passer Xavier pour un avocat véreux ami des « cailleras ».

Un duo de choc!

Même briefé par Djawad, Xavier a du mal à se mettre dans la peau d'un voyou, et son comportement les met parfois en danger. Quant à leur cohabitation, elle fait des étincelles. Leur situation s'aggrave encore avec l'arrivée de Johanna, persuadée que Xavier est à Paris pour la tromper avec Lucie Darjac, son

ancienne camarade d'université et l'avocate de Boussad. Or, c'est justement Lucie qui dirige le trafic de drogue et qui a commandité l'assassinat de Yanis pour l'empêcher de témoigner.

L'avocate criminelle

Lucie annonce à Auguste, son compagnon et complice, qu'elle va tuer Djawad afin qu'il ne la dénonce pas. Auguste y est opposé et préfère quitter Paris. L'avocate l'assassine de peur qu'il ne compromette ses plans. Alors qu'elle est sur le point de s'en prendre à Djawad, la police arrive à temps pour la maîtriser. Xavier et Johanna se retrouvent plus amoureux que jamais. Devenus amis, Xavier et Djawad ont réussi à surmonter leurs différences pour mener à bien leur mission…

If Évasion aux mains des Carpi

Date : 25 avril 2012

Le pitch : Les Carpi sont arrêtés à l'aéroport de Marseille alors qu'ils tentent de fuir à l'étranger.

CARPI, PÈRE ET FILLE

Nathan cherche désespérément un job lorsque Mélanie lui présente Jean, son oncle, qui travaille dans une agence de bateaux de croisière côtière, If Évasion. Grâce à lui, Nathan obtient un entretien avec Alain Carpi, un entrepreneur charismatique et grande gueule qui vient de racheter la société en difficulté pour la redresser. Mais, au lieu de Nathan, Carpi engage Luna. Il propose toutefois un stage au garçon, et Nathan tombe amoureux d'Ashley, la fille fantasque de l'entrepreneur. La nouvelle équipe fait du bon travail jusqu'à ce que Luna commence à douter de Carpi : celui-ci cherche en effet à réduire les effectifs par tous les moyens, allant jusqu'à licencier une femme de ménage sous prétexte qu'elle aurait volé des yaourts périmés. Innocente, la femme de ménage fait une tentative de suicide.

Ashley est arrêtée par la police alors qu'elle s'apprête à prendre la fuite. Son père n'ira pas bien plus loin…

LA SOIF DE POUVOIR DE NATHAN

Luna s'indigne auprès de Ninon, qui rédige un article accusateur contre If Évasion. Alain Carpi le prend très mal : il promeut Nathan et le charge de licencier Luna. Sous l'influence d'Ashley, avec qui il vit désormais, Nathan s'exécute. Luna ne le reconnaît plus ! En réalité, Nathan a un plan pour contrecarrer Carpi. Grâce à un prêt de Vincent et d'Estelle, le jeune homme devient actionnaire de l'entreprise. Il peut ainsi empêcher son patron d'utiliser la trésorerie d'If Évasion pour renflouer

Mistraliens concernés : Nathan • Luna • Carpi • Ashley • Jean • Vincent • Ninon • Estelle

les caisses d'une autre entreprise. Alain est furieux contre Nathan, mais les deux hommes doivent faire bonne figure, surtout que Carpi a une aventure avec Estelle et que Nathan se fiance avec Ashley !

RÈGLEMENTS DE COMPTE

Les fiançailles ont lieu au bar de Roland et sont bien arrosées, un peu trop même ! Le lendemain, Nathan découvre qu'il a joué l'argent de la trésorerie d'If Évasion en Bourse et qu'il a tout perdu. Furieux, Carpi porte plainte contre lui. Mais Guillaume et Luna soupçonnent une manipulation : effectivement, Nathan a été drogué par Ashley afin que son père puisse détourner les fonds de l'entreprise. Le père et la fille s'apprêtent à fuir avec l'argent en Californie. Nathan monte alors une arnaque avec Guy, qui persuade Ashley qu'il a fait une découverte informatique révolutionnaire. Carpi achète alors le brevet avec les fonds qu'il a volés à If Évasion. La police arrête alors le père et la fille à l'aéroport avant qu'ils ne gagnent les États-Unis.

LE SAVIEZ-VOUS ?

Au printemps 2012, une nouvelle famille arrive dans le quartier : les Nebout. Babeth est l'ancienne femme de Jean-François, avec qui elle a eu des fausses jumelles, Léa et Émilie. Depuis, Babeth s'est remariée avec Patrick Nebout, le nouveau commandant du commissariat du Mistral, et ils ont eu ensemble Valentin. Tout ce beau monde se retrouve au Mistral, sauf Émilie, que les téléspectateurs ne découvriront qu'à la fin de l'année 2012.

L'héritage de Lydie de La Perthuis

Date : 24 mai 2012

Le pitch : La fortune de la vieille dame suscite les convoitises et réveille la guerre entre Blanche et Johanna.

L'EMBOURGEOISEMENT DE JOHANNA

Alors qu'elle travaille en parfaite harmonie avec Claire dans son agence immobilière, Johanna déborde d'ambition depuis qu'elle gère les biens immobiliers de la plus importante cliente de l'agence, Lydie de La Perthuis, une aristocrate fantasque et capricieuse. Lydie chouchoute Johanna, avec qui elle s'entend parfaitement, mais également Xavier, qui voit dans ce rapprochement un point d'appui pour la suite de sa carrière. Leur amitié donne des idées à Johanna : elle décide de quitter Claire pour monter sa propre agence avec l'aide de Lydie. Claire se sent trahie.

LE NOUVEL AMOUR DE BLANCHE

De son côté, Blanche file le parfait amour avec son nouvel amant, Charly, un herboriste bohème qui vit isolé avec son fils, Ulysse, dans une maison sur les hauteurs de Marseille. Apaisée, Blanche essaie de se rapprocher de sa fille. Mais leurs retrouvailles tournent au fiasco, d'autant que Charly – qui n'est autre que le neveu et seul héritier de Lydie – voit d'un mauvais œil la proximité de Johanna et de Xavier avec sa tante. Lydie, qui a toujours eu des relations difficiles avec son neveu, parle de le déshériter au profit du jeune couple. Mais la vieille dame décède avant d'avoir eu le temps de signer son nouveau testament. Sur les conseils d'Hélène, la gouvernante de Lydie, qui veut, elle aussi, une part du gâteau,

Lydie s'éteint sous les yeux de sa gouvernante, qui ne l'a jamais portée dans son cœur.

Mistraliens concernés : Lydie • Johanna • Xavier • Ulysse • Blanche • Charly • Hélène • Claire

Johanna imite la signature de l'aristocrate afin d'hériter de sa fortune.

LA GUERRE ENTRE JOHANNA ET BLANCHE

Charly fait expertiser le testament, et on découvre que la signature est falsifiée. Johanna risque la prison. Xavier vole alors à son secours : il piège Charly en le faisant accuser d'exercice illégal de la médecine. Charly est écroué. Ne supportant pas l'emprisonnement de son père, Ulysse s'empare d'une arme et tire sur Xavier, mais la balle atteint Johanna, qui s'écroule. Pour arrêter cette escalade de violence, Johanna et Blanche décident d'enterrer la hache de guerre. Charly est remis en liberté et les deux parties trouvent un accord sur l'héritage de Lydie de La Perthuis. Le calme revient, mais les ponts sont coupés entre Blanche et sa fille. À jamais ?

LE SAVIEZ-VOUS ?

Tout le monde s'attendait à fêter le 2000e épisode de *Plus belle la vie*, mais c'est autour du 2012e que les équipes du feuilleton choisissent de créer l'événement. Eh oui, que le numéro d'un épisode corresponde à son année de diffusion ne se reproduira pas de sitôt… et même jamais ! Pour marquer l'événement, ce 2012e épisode est plein de surprises, notamment le retour de personnages importants (François, Juliette, Raphaël, Léo, Agathe), et accompagné d'une tournée des comédiens partout en France.

Le gang des aspirateurs

Date : 20 juillet 2012

Le pitch : Michaël a une aventure avec Luna, la compagne de Sacha.

ESCROC MAIS PAS TROP !

Beau gosse, bad boy, dragueur invétéré… Michaël, le frère de Sacha, fait une entrée fracassante au Mistral, qu'il rejoint avec Alexis, son complice, pour fuir l'Argentine, où ils sont recherchés par la police.

Ce n'est pas le coup de la panne mais le coup de l'accident que fait Michaël à Luna !

Michaël justifie son arrivée par la volonté de renouer avec son frère. En effet, Sacha reproche à Michaël d'être responsable de la mort de leur père et n'a plus aucun lien avec lui. D'abord réticent à lui donner une seconde chance, Sacha se laisse convaincre, notamment depuis que Michaël a protégé Jonas, victime de racket. Luna est elle aussi séduite par son beau-frère, avec lequel elle a pas mal de points communs. Mais Michaël leur cache une partie de sa vie !

LUNA ENTRE DEUX FRÈRES

Depuis son retour en France, il forme avec Alexis le gang des aspirateurs. Ils ont mis au point une technique qui leur permet d'aspirer les billets de banque lors des transferts d'argent dans les hypermarchés. Boyer, un parrain dangereux, les protège et exige la moitié de leurs gains. Mais Michaël n'est pas homme à partager son butin, et il dépense la part de Boyer. Fou de rage, ce dernier tue Alexis et met ses hommes aux trousses de Michaël. Insouciant, le voleur passe de plus en plus de temps avec Luna. Après un accident de voiture qui les oblige à passer la nuit ensemble, ils commettent l'irréparable. Quand Sacha l'apprend, il quitte Luna et provoque Michaël.

Mistraliens concernés : Michaël • Sacha • Luna • Jonas • Boyer • Alexis • Seta

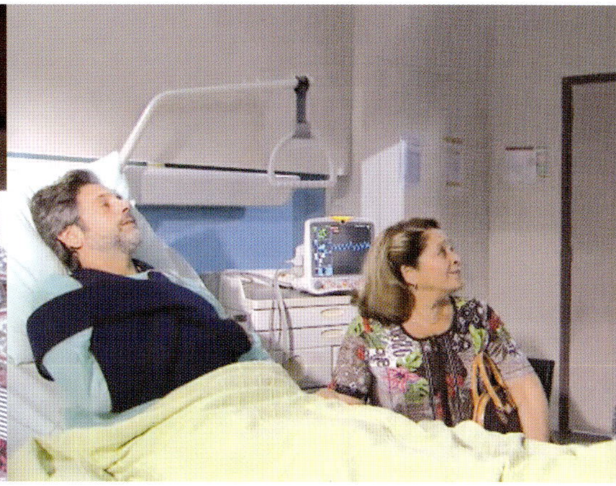

SACHA, PAS RANCUNIER

Pour éviter que leur affrontement ne tourne au drame, Luna alerte la police, qui arrête Michaël pour ses vols. Puis Luna prévient Seta, la mère des deux frères Malkavian, qui s'empresse de rejoindre Marseille. Seta avoue à ses fils qu'elle leur a menti sur la mort de leur père et qu'elle en est l'unique responsable. Elle supplie Sacha de venir en aide à son frère, qui est toujours la cible de Boyer et a manqué de se faire tuer en prison. Avec l'aide du commandant Nebout, Sacha tend un piège à Boyer. Il obtient ses aveux mais est blessé. À l'hôpital, Sacha décide de pardonner à son frère, puis à Luna, avec qui il renoue.

LE SAVIEZ-VOUS ?

Le 4 mai 2012, les Mistraliens accueillent avec joie la bonne nouvelle : Samia est enceinte ! En janvier 2013, Samia donne naissance à une jolie petite fille après une grossesse mouvementée... pour Jean-Paul, atteint de couvade. Après Noé, le fils de Blanche et Franck, c'est la deuxième naissance au Mistral.

Les Personnages

Abdel Fedala
Marwan Berreni
Fils d'un voyou et d'une mère qui l'a abandonné, Abdel a surmonté ce traumatisme grâce à l'aide de Samia et de Jean-Paul, et avec l'amour de Barbara.

Adriana Paoletti
Charlotte Boimare
La mère d'Alix – et compagne de Guillaume – s'est éteinte des suites d'un cancer foudroyant, qu'elle a affronté avec courage et dignité.

Agathe Robin
Valérie Baurens
La mère de Maxime ne vit que pour le bonheur de son fils, qu'elle a retrouvé en Argentine, et celui de Léo, qu'elle recueille après son grave accident.

Agnès Revel
Virginie Ledieu
Ce grand reporter a dû faire un choix entre son métier et sa famille : elle a quitté le Mistral et les siens.

Ahmed Nassri
Slimane Benaïssa
Père de Samia, il est retourné vivre en Algérie après sa retraite. Il revient voir sa fille de temps en temps.

Aïcha Djellal
Ibtissem Guerda
Cette jeune infirmière d'origine algérienne a obtenu un permis de séjour grâce aux habitants du Mistral, puis elle a quitté Marseille.

Alice Jouvenin
Mathilde Lebrequier
Rien ni personne ne semble pouvoir arrêter Alice, déterminée à venger la mort de sa sœur, jusqu'à ce que Lucas, cherchant à protéger son père, n'intervienne.

Alix Provin-Paoletti
Lubna Gourion
Après la mort de sa mère, Alix décide d'aller vivre en Italie auprès de sa grand-mère, plutôt qu'aux côtés de Guillaume et de Nathan, pour qui elle ressent malgré tout une grande affection.

Amélie Lagrange
Fanny Vambacas
Pétillante et pleine de vie, cette jeune bibliothécaire étourdit Nathan avant de tomber amoureuse de Guy, puis de David.

Andrée Boher
Marion Game
La mère de Jean-Paul a eu du mal à accepter Samia. Mais sa belle-fille a fini par lui ouvrir l'esprit.

Anémone Vitreuil
Anne Canovas
Femme fortunée aux mœurs libres, Anémone n'hésite pas à s'offrir les services de jeunes escort-boys comme Rudy. Elle est aussi une femme d'affaires redoutable.

Anthony Laroque
Marc Pistolesi
Après avoir épousé Mélanie, Anthony essaie de la tuer pour hériter de sa récente fortune. Heureusement, Malik veille !

Armande Tressere
Niseema Theillaud
La mère d'Ève est la copropriétaire du salon de la place du Mistral. Veuve, elle vit avec la culpabilité d'avoir laissé sa fille à une nounou violente.

Armelle Demy
Amélie de Vautibault
Cette brillante avocate a eu une liaison avec Jean-Paul Boher avant de quitter le Mistral sur un coup de tête.

Astrid Frémont
Laure Sirieix
La femme de Charles, mère de Juliette et de Céline, s'est éloignée de sa famille pour vivre aux Antilles. Elle y meurt dans un accident de la route.

Aude Estavar
Muriel Bonnet
Amoureuse de Rudy, elle se croyait la fille de Bruno Livia. Jusqu'à ce que ce dernier la tue…

Babeth Nebout
Marie Réache
Infirmière consciencieuse et mère de famille rock'n'roll, elle est la femme de caractère par excellence. C'est pour ça que Jean-François la regrette tant !

Barbara Evenot
Léa François
Derrière un caractère survolté, se cache une jeune femme sensible et fidèle à ses valeurs. Elle aime plus que tout Abdel, son mec, Sybille, sa meilleure copine, Léo, son père, et la cuisine, sa vocation.

Benoît Cassagne
Ludovic Baude
Le papa de Sybille et de Raphaël a accumulé les galères : divorce, chômage, prison et déconvenues sentimentales. Pas de quoi mettre à terre cet ancien champion de judo !

Blanche Marci
Cécilia Hornus
Mère irréprochable jusqu'au jour où elle commet l'irréparable en tombant amoureuse de son gendre. Blanche essaie depuis de réparer les dégâts.

Bruno Basini
François Feroleto
Il avait pris la tête du clan mafieux des Benedetto, mais son amour pour Thomas l'a condamné à l'exil.

Bruno Livia
Philippe Granarolo
Ce tueur en série psychopathe, maître de l'hypnose, est pour l'instant incarcéré aux Baumettes. Jusqu'à quand ?

Carole Lenoir
Sabine Héraud
Tante et mère adoptive de Thomas, Carole connaît l'amour dans les bras de Léo, avant de succomber au virus qui provoque la mise en quarantaine du Mistral.

Caroline Evenot
Sophie de La Rochefoucauld
Recherchée par la police pour avoir couvert les crimes de son mari, Caroline a fui en abandonnant sa fille. Elle le regrette désormais.

Catherine Pujol
Stéphanie Daniel
La vie de Catherine a été brisée lorsqu'elle est tombée amoureuse d'Hocine, le frère de son compagnon. Rétablira-t-elle un jour les liens avec Abdel, son fils ?

Céline Frémont
Rebecca Hampton
Après avoir vécu mille vies en une, Céline trouve la sérénité dans son métier d'avocate et dans une relation apaisée aux autres.

Charles Frémont
Alexandre Fabre
Les grands voyous vieillissent aussi ! Il fut l'un des escrocs les plus réputés et craints du milieu marseillais, mais il s'est racheté une conduite.

Charles-Henri Picmal
Richard Guedj
Homme politique véreux, il est emprisonné aux Baumettes avant de s'en évader quelques années plus tard. Une soirée trop arrosée lui coûte la vie.

Charly Puyvalador
Denis Cherer
Herboriste passionné par la nature, Charly a soigné Blanche de ses blessures au cœur. Il élève son fils Ulysse selon des méthodes anticonformistes.

Claire Souchal
Valérie Vogt
Sa philosophie ? Profiter de la vie ! À la tête d'une agence immobilière, Claire est la patronne que tout employé rêve d'avoir, sauf peut-être Johanna, qui la quitte pour monter sa propre agence.

Coralie Blain
Sara Mortensen

Professeur au lycée du Mistral, Coralie est une enseignante stricte mais au travail reconnu. Si elle pouvait avoir autant de succès dans sa vie privée… N'est-ce pas Guillaume ?

Cyril Muntz
Laurent Salsac

Ce pot de colle et pique-assiette était devenu attachant. Malheureusement, il meurt d'une balle reçue en pleine poitrine alors qu'il venait de trouver une place au commissariat.

Damien Mara
Émile Abossolo M'Bo

Ancien toxicomane, le père de Rudy a beaucoup changé : il est désormais prêtre. Il exerce en Afrique et revient parfois au Mistral voir sa famille.

Daravanh Kelhmany
Yin Hang

Guillaume ramène cette réfugiée laotienne au Mistral pour soigner sa malformation cardiaque. Au final, c'est elle qui va soigner le cœur de Nathan, fou amoureux d'elle pendant un temps.

David Barrat
Cyrille Bonnet

Brillant avocat, David s'est donné comme mission principale de lutter contre les préjugés sur l'obésité. Et il est prêt à passer par la loi pour y arriver !

Denilson Andrades
Rosario Amedeo

Gourou de la secte La Lumière du Divin, Denilson prétend avoir ressuscité Luna. Il a surtout tué son mari, Vadim !

Djawad Sangha
David Baiot

Racaille au grand cœur, Djawad a fini par se ranger pour garder Estelle auprès de lui. Mais attention : avec Djawad, on n'est jamais à l'abri d'un nouveau dérapage !

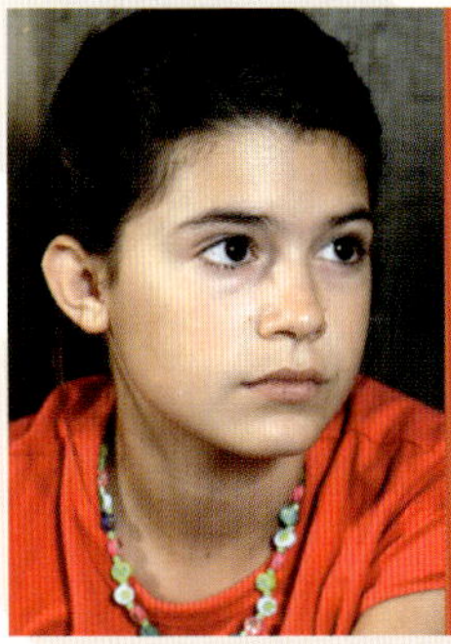

Élodie Estève
Ludivine Manca

La fille du juge Estève a dû faire face à la mort de son père. Elle garde contact avec Thomas, son beau-père de cœur, mais est repartie vivre avec sa mère à Perpignan.

Éloïse Barrault
Tiphaine Daviot

Raphaël est tombé sous le charme de cette étudiante brillante et philosophe, au point de la suivre en Belgique pour y terminer ses études avec elle.

Elsa Bailly
Caroline Bourg

Gérante d'un bowling qui appartient à Karim, Elsa a dédié sa vie au père d'Abdel.

Emmanuelle Barrel
Sévy Weber

Ancienne femme de Nicolas Barrel, Emmanuelle va convaincre son ex-mari et Thomas d'avoir un bébé à trois. Refroidie par l'échec de l'insémination artificielle, elle quitte le Mistral.

Estelle Cantorel
Élodie Varlet

Passée à deux doigts de la mort à son arrivée au Mistral, Estelle n'a qu'une idée en tête : profiter de la vie aux côtés de Djawad.

Éva Cabestany
Valérie Leboutte

Aventurière lancée à la poursuite du seul remède capable de lui sauver la vie, elle meurt dans les bras de Vincent, à quelques mètres seulement du trésor tant convoité.

Ève Tresserre
Charlie Nune

Elle n'avait jamais aimé un homme, mais elle a fini par s'éprendre de Benoît. Cet amour impossible l'a poussée à partir en laissant son institut à Estelle.

Fabien Rinato
Julien Bravo

Le demi-frère de Mélanie voit son rêve de devenir footballeur s'évanouir avec la découverte de sa séropositivité. Ce qui ne l'empêche pas de tomber les filles : Samia, Ninon, Sybille…

Florent Barjac
Boris de Mourzitch
L'une des plus belles histoires d'amour de Céline. Mais Florent a du sang sur les mains et paiera ses crimes de sa vie.

Florian Estève
Franck Borde
Juge à Marseille, Florian meurt assassiné dans les bras de Thomas, son grand amour.

Francis Grangier
Didier Cauchy
Le père de Maxime, ancien mac, voulait prouver à Agathe qu'il avait changé. Il meurt en la sauvant d'un serial-killer de prostituées.

Franck Ruiz
Jean-Charles Chagachbanian
Le père de Noé, grand amour de Blanche, a longtemps caché son appartenance aux services secrets. Mais Blanche et les Mistraliens l'ont découvert et ne le lui ont pas pardonné.

François Marci
Thierry Ragueneau
Mari de Blanche pendant près de vingt ans, il est le père de Lucas et de Johanna. Sa liaison avec Alice aura raison de son mariage.

Gabriel Mercœur
Didier Menin
Juliette ne résiste pas au pouvoir de séduction de ce brillant ethnologue, qui est en réalité un escroc cherchant à mettre la main sur une des propriétés des Frémont.

Gabriel Riva
Joakim Latzko
Médecin brillant et ambitieux, Gabriel possède un humour bien à lui et une pointe de cynisme qui le rendent attachant. Thomas ne nous contredira pas !

Gaspard Espira
Stéphane Coulon
Après un mariage express à Las Vegas avec Johanna, ce clown fait une entrée fracassante au Mistral. Mais les choses se gâtent quand il trompe Johanna avec Blanche.

Gaston Domert
Jacques Boudet
Cet étrange Père Noël voulait bien faire, mais il a brisé le couple de Mélanie et de Benoît et a entraîné le départ d'Ève en Nouvelle-Zélande.

Geoffroy Monthoiry
Xavier Couleau
Faire monter la violence pour réduire le prix de l'immobilier au Mistral : le plan de Geoffroy était simple, mais Céline, sa compagne, s'y est opposé.

Guillaume Leserman
Virgile Bayle
Après avoir élevé son fils, Guillaume aimerait tomber amoureux, mais le poids d'une ex très présente (Luna for ever !) et d'une ombre (Adriana, partie trop tôt) freine sa quête.

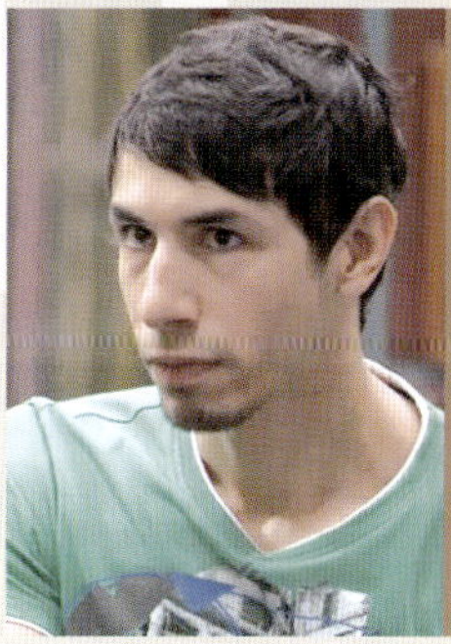

Guy Lemarchand
Florian Guichard
Le geek par excellence : il consacre l'essentiel de ses nuits à jouer en réseau, au risque de passer à côté de sa vraie vie.

Hélène Cantorel
Marie-Sophie L
Désespérée, elle est prête à tout pour sauver sa fille, Estelle. Elle vole alors l'identité de sa sœur jumelle, la mère de Nathan. C'est compter sans la lucidité de Guillaume.

Henri Laroque
Robert Castel
Grand-père de Mélanie, il a un lourd passé : un viol, dont naît la mère de celle-ci, et le meurtre de sa fille. Il est tué par Anthony, son neveu.

Jean-Baptiste Gauthier
Amalric Gérard
Preux chevalier de Juliette puis de Johanna, ce bel hurluberlu repart vivre aux États-Unis avec son père, après avoir découvert pourquoi sa mère a été tuée.

Jean-François Leroux
Jean-François Malet

Brigadier au commissariat du Mistral, Jean-François est un flic naïf mais sympa, qui regarde souvent avec nostalgie la photo de Babeth, son ex, dont il est toujours amoureux.

Jean-Paul Boher
Stéphane Hénon

Ce flic borné, voire raciste, a totalement changé en tombant amoureux de Samia, son ennemie d'autrefois. Le couple vit désormais un amour sans nuages… ou presque !

Johanna Marci
Dounia Coesens

Johanna a appris du Mistral qu'elle ne peut compter que sur elle-même. La jeune adolescente fragile a laissé place à une femme décidée et combative.

Jonas Malkavian
Geoffrey Piet

Jonas a fait le deuil de sa mère en se rapprochant de son père. Il se découvre aussi une famille avec Seta, sa *mamma*, et Michaël, son oncle, qu'il ne connaissait pas ou mal.

Juliette Frémont
Juliette Chêne

Juliette n'est pas la fille bien sage que l'on croit. Sur un coup de tête, elle a tout quitté pour partir à l'autre bout du monde.

Karim Fedala
Rachid Hafassa

Ancien caïd des cités, Karim a tout fait pour que son fils Abdel grandisse dans un milieu sain, quitte à l'abreuver de mensonges et à l'éloigner de sa mère. Mais tout finit par se savoir !

Karine Mercœur
Nathalie Grandhomme

Frémont tombe un moment amoureux de l'envoûtante et maléfique Karine. Démasquée, elle se donne la mort en prison, non sans avoir pris soin auparavant d'éliminer son mari, Gabriel.

Laurence Beaupré
Édith Alain-Miatti

Tata Lo, comme l'appelle Djawad, est venue prêter main-forte à Estelle au salon d'esthétique après le départ d'Ève. Sa douceur et sa foi profonde lui confèrent une part de mystère.

Laurence Chaumette
Patricia Thibault

Médecin en Afrique, la mère de Ninon est revenue quelque fois au Mistral avant de se fâcher définitivement avec Vincent, son ex-mari.

Léa Leroux
Charlotte Deysine

Cette jolie adolescente cache un secret qui l'a conduite à rompre avec Jonas. Finira-t-elle par s'accepter ?

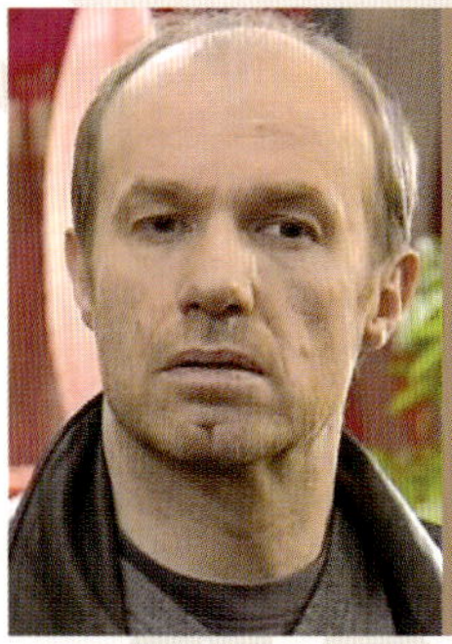

Léo Castelli
Pierre Martot

Le destin de Léo, policier respecté, a basculé après un terrible accident de voiture qui a failli lui coûter la vie. Agathe est venue le chercher pour l'aider à se rétablir en Argentine.

Léonard Vassago
Jean-François Garreaud

Qui est vraiment Léonard Vassago ? Un homme d'affaires machiavélique déterminé à détruire les Mistraliens ou le diable en personne ?

Louis Barrel
Thomas Cerisola

Séducteur, maître chanteur, escroc : le frère de Nicolas est un drôle de personnage ! Il paiera au prix fort ses manipulations.

Lucas Marci
Geoffrey Sauveaux

Après sa rupture avec Samia, Lucas part rejoindre son père à La Nouvelle-Orléans et devient cinéaste.

Luna Torres
Anne Décis

La virevoltante mère de Rudy met du piment dans la vie de chaque Mistralien qui croise sa route. Sacha l'aime pour sa pointe de folie, Guillaume la regrette.

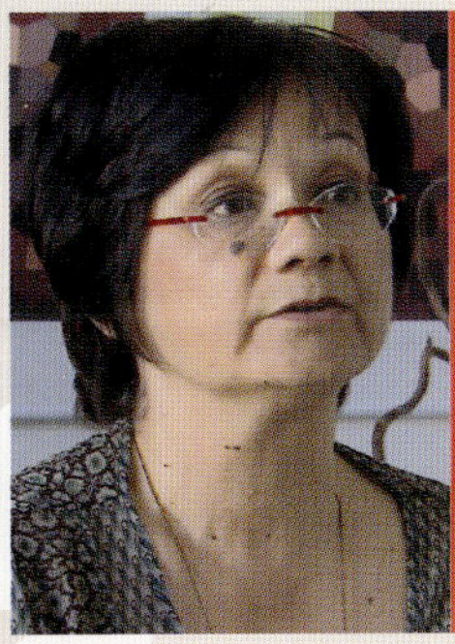

Madeleine Valensi
Françoise Contré

Psychologue très compétente, le docteur Valensi aide nombre de Mistraliens. Mais, elle-même, a-t-elle des problèmes ? Mystère.

Malik Nassri
Sofiane Belmouden

Solide avocat, Malik a commis l'irréparable en tuant accidentellement Dylan. Il est parti à l'étranger, coupant les ponts avec le Mistral.

Manuel Torres
Rodolfo de Souza

Mari de Mirta et père de Luna, Manuel est un grand manipulateur. Il vient à Marseille pour s'emparer du Select. Il n'y trouvera que la mort.

Père Mathieu
Maxime Carasso

Le père Mathieu est un prêtre très ouvert qui anime la paroisse avec l'aide précieuse de Mirta.

Marc Vernet
Jérôme Marc

Difficile pour Ninon de ne pas succomber au charme de cet homme mystérieux venu à Marseille démasquer le coupable d'un meurtre pour lequel il a purgé plusieurs années de prison.

Marie Bergman
Marie Fugain

La commissaire Bergman est une femme engagée, sûre d'elle et parfois têtue ! Elle a rompu avec sa famille, qui finit par se rappeler à elle.

Maxime Robin
Julien Oliveri

Après une jeunesse difficile, le fils d'Agathe commence à trouver la stabilité au Mistral grâce à l'affection de sa mère et de Léo, et grâce à l'amour de Sonia. Une erreur l'oblige à fuir.

Mélanie Rinato
Laëtitia Milot

La jolie serveuse du bar de Roland et grande amie de Thomas fait tourner la tête de bon nombre de Mistraliens. Mais qui arrivera à lui offrir le bonheur qu'elle mérite tant ?

Michaël Malkavian
Patrice Maktav

Le frère de Sacha, bad boy recherché par la police et le milieu marseillais, a semé le désordre entre Sacha et Luna. Il repart assagi après avoir réparé ses erreurs.

Mirta Torres
Sylvie Flepp

La propriétaire du Select est la reine du commérage et une donneuse de leçons hors pair ! Mais elle n'en est pas moins une femme au grand cœur, prête à tout pour ses proches.

Nathan Leserman
Thibaud Vaneck

L'adolescent qui multipliait les catastrophes est devenu un adulte responsable. Jusqu'à la prochaine rechute ?

Nicolas Barrel
Nicolas Herman

Ce policier intègre n'a eu d'autres choix que d'infiltrer des voyous lyonnais afin de protéger Thomas, son amoureux.

Ninon Chaumette
Aurélie Vaneck

Journaliste ambitieuse et enquêtrice chevronnée, Ninon est une femme éprise de liberté que les hommes ont parfois du mal à suivre. Un seul y parvient depuis des années : Rudy !

Nirina Tsiranana
Linda Bouhenni

Le premier grand amour de Nathan. Après leur première fois – ratée –, le jeune couple vivra un temps en parfaite harmonie.

Noé Ruiz
Baptiste et Johan Krempff

Le premier bébé du Mistral ! Le fils de Blanche et de Franck est né prématurément lors d'une soirée meurtrière. Il grandit au sein d'une famille attentionnée.

Patrick Nebout
Franck Sémonin
Commandant brillant du commissariat et père de famille irréprochable à la maison, Patrick est en plus doté d'un physique avantageux. Mais, parfois, l'homme parfait a les nerfs qui lâchent…

Paul Hédiard
Quentin Santarelli
Cet adolescent est déchiré par la guerre que se livrent ses deux pères adoptifs, Jérôme et Gabriel. Un apaisement est-il possible ?

Philippe Boher
Pierre Chevallier
Le drame de Philippe est de s'être marié trop tôt. Le père de Jean-Paul, commerçant en Alsace, a du mal à supporter la vie de couple et s'autorise parfois quelques écarts.

Rachel Lévy
Colette Renard
Communiste engagée, Rachel se montre aussi franche et inflexible avec les Mistraliens que douce et compréhensive avec son petit-neveu Nathan. Elle coule une retraite paisible aux Antilles.

Raphaël Cassagne
Audric Chapus
Ce brillant étudiant a poursuivi ses études en Belgique et vécu en couple avec Éloïse, avant d'intégrer Normale Sup. Mais ses attaches sont au Mistral.

Renaud Sardi
Guillaume Romain
Cet informaticien maladivement timide attire toutes les moqueries du Mistral. Il basculera dans la folie lors de la soirée d'anniversaire d'Estelle.

Roland Marci
Michel Cordes
Le pilier du Mistral ! Son bar orchestre toute la vie du quartier, et il connaît tout sur tout le monde. Sa générosité et sa gentillesse sont louées par les Mistraliens malgré son côté bougon.

Romain Blanchard
Jérémie Poppe
Adolescent tourmenté, Romain vit mal son homosexualité et développe une jalousie maladive, ce qui le poussera à assassiner le juge Estève.

Rudy Torres
Ambroise Michel
Jadis dragueur invétéré et oiseau volage, le fils de Luna s'est posé. Ninon y est pour beaucoup, ainsi que son internat de médecine, très absorbant.

Sacha Malkavian
Avy Marciano
Longtemps en froid avec sa famille et en proie à de gros problèmes conjugaux, Sacha s'est concentré sur l'éducation de son fils, Jonas. Et puis, il a rencontré la belle Luna…

Samia Nassri
Fabienne Carat
La jeune rebelle est devenue flic. Celle qui détestait les racistes en a épousé un. Samia est la preuve que l'on peut évoluer tout en gardant ses principes.

Sara Douala
Nadège Beausson-Diagne
Elle n'a pas la langue dans sa poche et peut se montrer aussi aimable qu'une porte de prison ! Mais les résultats sont là pour la commissaire Douala, qui mène ses troupes d'une main ferme.

Seta Malkavian
Gladys Cohen-Bohbot
La *mamma* de la famille Malkavian aime ses enfants et son petit-fils d'un amour débordant et les gratifie d'une attention de tous les instants. Un peu lourde parfois !

Solange Chaumette
Corinne Le Poulain
La mère quelque peu envahissante de Vincent, et la grand-mère tendre et attentive de Ninon, a su gagner en discrétion.

Sonia Escudier
Blandine Bellavoir
Cette jolie rousse cultivée est tombée amoureuse d'un ado illettré et rebelle : Maxime. Grâce à elle, ce dernier reprendra confiance.

Sybille Cassagne
Coline d'Inca
Après une adolescence compliquée, Sybille aspire à croquer la vie à pleines dents. Elle peut compter sur le soutien sans failles de sa meilleure amie, Barbara.

Tatiana Vassilieff
Wioletta Michalczuk
Tatiana comptait trouver son prince charmant en France après deux mariages ratés en Russie. Mais elle n'était rien de plus pour Jean-François qu'un moyen d'oublier Babeth…

Thomas Marci
Laurent Kérusoré
Attentif et sympathique, il suscite naturellement les confidences, et désamorce les conflits par sa sincérité et son tact. Fidèle en amour, il aspire à devenir un jour père.

Ulysse Puyvalador
Alexandre Bacon
Ce lycéen – déscolarisé par son père à la mort de sa mère – a bien du mal à se familiariser avec les jeunes de son âge. Les élèves du lycée Vincent-Scotto arriveront-ils à l'accepter ?

Vadim Cazals
Geoffroy Guerrier
Le charme brésilien, une tête bien faite, une situation professionnelle enviée… Luna est tombée sur une perle rare ! Malheureusement, il se retrouve sous l'influence d'un gourou.

Valentin Nebout
Louis Duneton
Le benjamin des Nebout, fils de Babeth et de Patrick, est entré de plain-pied dans l'adolescence… pour le meilleur et souvent pour le pire.

Véra Madigan
Cécile Auclert
D'un abord parfois strict et rigide, la commissaire Madigan sait aussi se montrer compréhensive et humaine. Lasse du Mistral, elle demande sa mutation.

Victoire Lissajoux
Flavie Péan
Cette jolie bourgeoise aux conquêtes innombrables a fini par tomber amoureuse de Sacha. Mal lui en a pris : leur premier voyage en famille aura aussi été le dernier !

Victor Castelli
Vania Villers
Mais où est passé le magot du facétieux général ? Léo, son neveu, et Rachel, sa dernière compagne, aimeraient bien le savoir. Le docteur Livia aussi.

Vincent Chaumette
Serge Dupire
Le gendre idéal est devenu au fil des ans un homme d'affaires sans scrupule, parfois capable du pire pour hisser Phénicie vers les sommets. Mais il connaît aussi les remords…

Virginie Mirbeau
Virginie Pauc
Cette fille de marin-pêcheur a convaincu Céline que l'amour d'une femme pouvait être aussi beau que celui d'un garçon.

Wanda Legendre
Pascale Roberts
Bien qu'un peu assagie, la mamie de Johanna est toujours à l'affût d'une belle opportunité ou d'un mauvais coup pour embellir sa vie.

William Charvet
Julien Duval
Ce jeune pianiste a perdu la vue à l'adolescence à cause de Ninon, mais une opération de la dernière chance lui permettra de voir à nouveau.

Xavier Revel
Grégory Questel
Intransigeant, le substitut du procureur a su mettre de l'eau dans son vin pour séduire Johanna et la demander en mariage. Son ambition, elle, reste intacte.

Yves Barrel
Bernard Allouf
Les grands voyous Comme Saturne, Yves Barrel, dans sa folie, dévore ses propres enfants. D'abord Louis, qui le fait chanter, puis Nicolas, qui a découvert la vérité et menace de la révéler.

D'après une idée originale d'Hubert Besson et des personnages créés par Bénédicte Achard, Georges Desmouceaux, Magaly Richard-Serrano et Olivier Szulzynger

Production exécutive associée : France 3 Marseille

Auteurs des épisodes n° 1 à 2069

Nathalie Abdelnour / Coline Abert / Bénédicte Achard / Nelly Alard / Emilie Alibert / Cristina Arellano / Claire Aziza / Sylvie Bailly / Sérine Barbin / Sophie Baren / Loïc Barrère / Sarah Belhassen / Nassim Ben Allal / Marie-Hélène Bizet / Jean Bobby / Sophie Bocquillon / Isabelle Boni-Claverie / Hector Caballo Reyes / José Caltagirone / Frédéric Chansel / Sylvie Chanteux / Françoise Charpiat / Luc Chaumar / Emmanuelle Choppin / Xavier Daugreilh / Claudio Descalzi / Georges Desmouceaux / Marie Du Roy / Isabelle Dubernet / Nicolas Durand-Zouky / Sébastien Fabioux / Fabienne Facco / Eric Führer / Laurent Gassiole / Mathieu Granier / Mariem Hamidat / Deborah Hassoun / Sophie Hiet / Grégoire Jean-Baptiste / Géraldine Keiflin / Juliette Keller / Philippe Klébert / Marc Le Bihan / Eline Le Fur / Christiane Lebrima / Véronique Lecharpy / Sébastien Ledélézir / Claire Lemarechal / Thomas Leroux / Fabienne Lesieur / Karine Lollichon / Yvan Lopez / Florent Meyer / Joël Méziane / Emmanuelle Michaux / Patrick Michel / Pierre Monjanel / Aurelia Morali / Sébastien Mounier / Stéphane Palay / Alain Patteta / François Perohe / Brigitte Peskine / Catherine Pierre / Arthur-Emmanuel Pierre / Laetitia Poli / Alexandre Pottier / Yves Ramonet / Magaly Richard Serrano / Flavien Rochette / Laurent Roggero / Marc Roux / Martin Sauvageot / Sandrine Senes / Nathalie Stragier / Olivier Szulzynger / Rémi Tarrier / Stéphanie Tchou Cotta / François Uzan / Nathalie Vailloud / Anne Valton / Rebecca Zlotowski

Réalisateurs

Didier Albert / Christophe Andrei / Cédric Apikian / David Bouttin / Hervé Brami / Pierre-François Brodin / Vincent Capra / Philippe Carrese / Gilles Cayatte / Gérard Cuq / Philippe Dajoux / Frédéric Dantec / Claire de la rochefoucauld / Jérôme Debusschere / Bénédicte Delmas / Etienne Dhaene / Emmanuelle Dubergey / Bernard Dumont / Christian François / Christian Guerinel / Emmanuel Gust / Michel Hassan / Pascal Heylbroeck / Rémi Honoraty / Jean-Pierre Igoux / Olivier Jamain / Véronique Langlois / Pierre Leix Cote / Delphine Lemoine / Claire Letouze / Gilles Maillard / Christophe Nahon / Jérôme Navarro / Thierry Petit / Patrick Poubel / Christophe Reichert / Emmanuel Rigaut / Christophe Salachas / Thibault Staib / Jean-Marc Therin / Jean-Louis Tribes / Jean-Pierre Vergne / Jean-François Villemer / Michaëla Watteaux / Roger Wielgus / Marcel Zemour

Retrouvez Plus belle la vie sur www.plusbellelavie.fr
Et suivez-nous sur facebook.com/plusbellelavie et twitter.com/@pblvofficiel

Le tigre bleu, 31, rue Faidherbe 75011 Paris – www.tigrebleu.fr
Telfrance Série, 71, rue de la Victoire 75009 Paris

Crédits photographiques
Couverture : ©François Lefebvre
Photos de tournage et portraits de comédiens : ©Benjamin Decoin, Sylvie Finochi, Didier Lafond, François Lefebvre, Pedro Lombardi, Charlotte Schousboe

Conception graphique et réalisation : Arnaud Lebassard

ISBN : 978-2-916289-38-0
Diffusion Seuil – Distribution Volumen

Achevé d'imprimé en octobre 2012 par Espace Grafic (Espagne)
Dépôt légal : novembre 2012